perfis brasileiros

Castro Alves
por
Alberto da Costa e Silva

1ª reimpressão

coordenação
Elio Gaspari e Lilia M. Schwarcz

COMPANHIA DAS LETRAS

copyright © 2006 by Alberto da Costa e Silva

capa e projeto gráfico
warrakloureiro

foto da capa
Castro Alves aos 20 anos [Cortesia Odebrecht]

pesquisa iconográfica
Carlito de Campos/ Cia. da Memória
Thiago Fontana/ Cia. da Memória

índice onomástico
Miguel Said Vieira

preparação
Denise Pessoa

revisão
Isabel Jorge Cury
Cláudia Cantarin

Dados Internacionais de Catalogação na Publicação (CIP)
(Câmara Brasileira do Livro, SP, Brasil)

Costa e Silva, Alberto da
    Castro Alves: um poeta sempre jovem / Alberto da Costa e Silva. — São Paulo : Companhia das Letras, 2006.

    Bibliografia
    ISBN 85-359-0789-0

    1. Alves, Castro, 1847-1871 2. Alves, Castro, 1847-1871 – Crítica e interpretação 3. Poesia brasileira – História e crítica 4. Poetas brasileiros – Biografia I. Título.

06-0302   CDD 928.6991

Índice para catálogo sistemático:
1. Poetas brasileiros: Biografia   928.6991

[2006]
todos os direitos desta edição reservados à
EDITORA SCHWARCZ LTDA.
rua Bandeira Paulista, 702, cj. 32
04532-002 — São Paulo — SP
tel.: (11) 3707-3500
fax: (11) 3707-3501
www.companhiadasletras.com.br

Castro Alves
Um poeta
sempre jovem

Sumário

1. Cecéu 9
2. O menino, o negreiro e os escravos 16
3. No Recife 25
4. A visita da morte 32
5. Para mudar o mundo 38
6. No teatro 47
7. Em Salvador 52
8. Contra Tobias, por Eugênia 56
9. O poeta em casa 63
10. *Gonzaga* 67
11. O regresso à Boa Vista 71
12. Entre o palco e a infância 76
13. No Rio de Janeiro 83
14. São Paulo 87
15. "O navio negreiro" 97
16. Histórias de escravos 112
17. As imagens da África 117

18. Os amantes se apartam   129
19. "É tarde!"   135
20. As despedidas   144
21. Curralinho   151
22. No solar do Sodré   157
23. O adeus à vida   163
24. Soma   173

Cronologia   181
Leituras complementares   185
Bibliografia   189
Índice remissivo   195

1. Cecéu

Antônio Frederico de Castro Alves nasceu em 14 de março de 1847, na fazenda Cabaceiras, a sete léguas de Nossa Senhora de Conceição de Curralinho (hoje Castro Alves), na Bahia, filho do médico Antônio José Alves e de sua mulher, Clélia Brasília da Silva Castro. O avô paterno, que também se chamava Antônio José, era um comerciante minhoto solteiro. Da avó, igualmente solteira, não se guardou sequer o nome. O avô materno, o coronel José Antônio da Silva Castro, era um sertanejo de antepassados paulistas, grande senhor de terras — de seu inventário constam dezesseis fazendas — e famoso por sua valentia e participação em quase todas as insurreições militares antes e depois da Independência, como revoltoso ou como repressor. No assentamento de batismo de Clélia não consta o nome de sua mãe, mas apenas a anotação de que era filha natural do então major Silva Castro. A mãe seria, porém, Ana Viegas, uma cigana espanhola que faleceu quando Clélia era ainda pequenina. Havia, contudo, quem dissesse, e há ainda quem diga, que Clélia devia a sua cor morena a sangue negro ou mouro.

Os pais de Castro Alves eram, portanto, filhos ilegítimos, gerados fora de casamento formal. A situação, embora pudesse dar motivo a comentários à boca pequena, não provocava maior estranheza na região de Curralinho, onde ainda prevaleciam os modos de vida dos pioneiros, os rapazes raptavam as moças, os padres tinham amásias e as disputas de coração, de honra, de dinheiro e de poder se resolviam freqüentemente a punhal e a bala.

A paisagem da fazenda Cabaceiras, com a montanha por linha do horizonte, era rude, de savana, e dela não destoava a casa, térrea, atijolada, de paredes de adobe, pintada de branco, com quatro águas cobertas por telha-vã, três lados protegidos por alpendres, oito janelas de frente, quatro de fundo e seis de cada lado, todas, como era de regra no sertão, de madeira inteiriça, sem persianas nem postigos envidraçados. A planta era um quadrado, dividido ao meio por um longo corredor que levava da porta de entrada até a sala de jantar, no fundo. De um lado, havia a sala de receber, a capela e um quarto; do outro, uma segunda sala, outro quarto, uma alcova, a despensa e a cozinha. O banheiro e a latrina ficavam do lado de fora. E próximas, as habitações dos escravos.

O interior da casa mostrava-se simples, apenas com os móveis essenciais: os sofás e as cadeiras de palhinha, a mesa de jantar, as arcas e as camas, se as havia em mais de um quarto, em vez de apenas ganchos para as redes. O único recinto aparatoso seria a capela, com seu altar abarrocado e os seus santos.

Nessa casa vieram ao mundo, além do poeta, os seus três irmãos, José Antônio, João e Guilherme, o segundo falecido alguns dias após o nascimento. A primeira irmã, Elisa, só veria a luz na vizinha São Félix, defronte a Cachoeira, do outro lado do rio Paraguaçu, para onde a família se mudou em 1852, depois de ligeira passagem por Muritiba.

Dois anos mais tarde, estavam na capital da província, onde os meninos ganhariam mais duas irmãs, Adelaide e Amélia. A família passou algum tempo no centro da cidade, em duas diferentes casas. A primeira, à rua do Rosário de João Pereira, número 1, estava marcada pela tragédia. Nela, um professor, João Estanislau da Silva Lisboa, apaixonado por sua jovem aluna, Júlia Feital, em desespero por já não poder alcançá-la, matara-a. Diz a lenda que, romanticamente, com uma bala de ouro. A segunda ficava no número 47 da rua do Passo, próxima ao largo do Pelourinho. A família vivia no andar de cima do sobrado. Nos quartos de baixo, o dr. Alves atendia escravos, nada recebendo — declara num anúncio publicado no *Jornal da Bahia* em 12 de abril de 1855 — dos senhores daqueles que não saíssem curados. E dispunha também de cômodos necessários para receber e tratar outros doentes.

Os Alves foram depois, em 1858, por exigências da má saúde de d. Clélia, para um dos arrabaldes da cidade, Brotas, com suas chácaras, granjas, sítios, vacarias e terrenos baldios. É possível também que já então, ao procurar uma chácara no subúrbio, o dr. Alves trabalhasse a idéia, que se tornaria uma obsessão, de criar um hospital modelar, um hospital que fazia falta a Salvador. Como já sucedera na rua do Passo, também em Brotas, na quinta ou roça da Boa Vista, como se chamava a nova morada, reservou quartos para receber doentes: a diária era de mil a 1500 réis para os escravos; de 3 mil a 5 mil-réis para as pessoas livres.

A quinta exigia certo número de servidores escravos, o que era compatível com o progresso profissional do dr. Alves, já então com boa clínica, lecionando na faculdade de medicina e às vésperas de ser feito cavaleiro da Ordem da Rosa. Um pouco mais tarde ele receberia a do Cruzeiro. Esta fora criada em 1º de dezembro de 1822, logo após a Independência, e aquela, em 17 de outubro de 1829, para celebrar o casamento de d. Pedro I com d. Leopoldina. Não eram condecorações concedidas com facilidade, e ainda menos fora do círculo da corte. Que um médico de província fosse agraciado com as duas indica o renome e prestígio que conquistara o dr. Alves, principalmente como médico humanitário, durante um forte surto de cólera na Bahia.

Os Alves se tinham mudado para os arredores da cidade, mas para uma bela propriedade, que existe até hoje. A chácara, cercada por um muro alto, tem um amplo portão de ferro gradeado na entrada. Bem em frente ao portão, no fundo, fica a sede da quinta: um casarão tão grande que viria a ser, a partir de 1874, o hospital de alienados, tendo por nome, primeiro, Asilo de São João de Deus e, bem mais tarde, Hospital Juliano Moreira. Com dois andares, paredes grossas e amplas portas e janelas, mostra num dos lados uma grande torre, com mais dois andares, cada qual com duas janelas por face. Em cima dessa torre, vê-se um campanário com um sino de bronze. No vasto terreno, cheio de árvores, havia uma fonte, com sua carranca e redoma de azulejos, e, separada do prédio principal por uma grande mangueira, a senzala.

O recheio da quinta era todo contrário àquele da fazenda Cabaceiras. Os sofás de palhinha deviam harmonizar-se com o mobiliário afrancesado que se punha de moda nas residências aristocráticas e burguesas. Nas paredes, havia quadros, pois o dr. Alves, homem culto e de sensibilidade artística, se tornaria dono de uma das melhores coleções de pintura de Salvador, ainda que composta principalmente de cópias oitocentistas de quadros flamengos e holandeses. Depois de formado em medicina, passara, a expensas do futuro sogro, cerca de três anos na Europa, entre 1841 e 1844. Fora especializar-se em Paris, mas viajara extensamente pela França, Bélgica, Holanda e

Alemanha, a ver toda a arquitetura, a pintura e a escultura que podia. O dr. Alves gostava de desenhar, e manteve sempre vivas suas inquietações intelectuais. Dono de uma biblioteca considerada excelente, foi o principal responsável pela criação da Sociedade de Belas Artes e figurou entre os fundadores do Instituto Geográfico e Histórico da Bahia e do Grêmio Literário. Era reconhecido, portanto, pela elite intelectual da província como um dos seus, pois seria nessas entidades que ajudou a conceber que se desenvolveria grande parte da vida cultural de Salvador. Nelas reuniam-se os homens de saber e de bom gosto, para comentar suas leituras, revelar suas descobertas, trocar experiências e ser admirados pelo resto da cidade.

No terreno que circundava o casarão da Boa Vista, sob as grandes árvores — cajueiros, mangueiras, jaqueiras, cajazeiras —, Antônio e seus irmãos continuaram a vida de liberdade de que gozavam em Cabaceiras e São Félix. Brincavam de cabra-cega, de esconde-esconde e de chicote-queimado, pulavam carniça, jogavam bolinhas de gude, tascavam piões e, nos amplos espaços abertos, empinavam papagaios de papel de seda. Não seria de estranhar-se, pois não era incomum naquela época, que tivessem meninos escravos como companheiros de folguedos, os moleques, na maioria das vezes levando a culpa e sofrendo os castigos pelas traquinagens do grupo.

Cada qual tinha seus bichos de estimação: cachorro, gato, preá, passarinhos em gaiolas, que trocavam trinados com os que faziam ninhos nas árvores — sabiás, gaturamos, sanhaços, bem-te-vis, corrupiões, tico-ticos, galos-de-campina —, os quais os garotos tentavam capturar em arapucas e perseguiam com atiradeiras. Antônio — Cecéu, para os de casa — teve provavelmente, como os outros meninos das famílias de posses de seu tempo, o seu carneiro de sela. Foi então que aprendeu a andar a cavalo. E havia na quinta — como recordou mais tarde sua irmã Adelaide — quem lhe repetisse as histórias que, ainda no sertão, sua ama-de-leite Leopoldina, escrava de seu pai, tantas vezes lhe contara, e lhe narrasse outras, sobre a vida em cativeiro. Era uma velhinha de oitenta anos, sinhá Janinha, que morava numa casinhola dentro dos muros da chácara.

Esses relatos somaram-se às cenas a que Cecéu assistiu, tão comuns no dia-a-dia da época, de humilhação e castigo de escravos, para despertar em sua alma de menino sensível piedade e revolta. E experimentou, com os irmãos — quem isto lembra é ainda Adelaide —, uma emoção muito forte, quando viu, na quinta da Boa Vista, os troncos de supliciar escravos — os de pés, os de pescoço, os de mãos e os de pés e mãos —, que lá se encontravam, com outros instrumentos de tortura, quando o dr. Alves, em 1856, adquiriu o imóvel.

Talvez sinhá Janinha tenha revelado aos meninos o passado da quinta. A propriedade pertencera, antes da Independência, a um português do Minho, Manoel José Machado, grande contrabandista e mercador de escravos, senhor impiedoso, estuprador de negrinhas e dono de um considerável número de filhos mulatos. O "Machado da Boa Vista", como era conhecido, tinha, como tantos outros traficantes negreiros, um segundo perfil, que sinhá Janinha provavelmente ignorava: o de comerciante bem estabelecido e cidadão de prestígio. Colaborara, por exemplo, com grandes dinheiros para que se construíssem a praça do Comércio e o Teatro São João, do qual foi diretor até a morte. E, a fim de pagar seus pecados, deixou a maior parte de seus bens para a Santa Casa de Misericórdia — onde foi depois enterrado com o hábito de Cristo, que em 1808 lhe conferira o príncipe regente d. João —, para a Ordem Terceira de São Francisco e a de São Domingos, o convento das Mercês, o recolhimento dos Perdões e o de São Raimundo.

A torre da Boa Vista fora construída para servir de mirante: como dela se avistava o mar, ali se postava permanentemente um escravo, para, com o bater do sino, avisar da chegada, fosse de dia ou de noite, dos navios negreiros. Quando Cecéu se mudou para a quinta, os tumbeiros não entravam mais na barra, mas não faltava quem dissesse que a alma penada de seu Machado continuava a descer, apressada, a escadaria da torre.

2. O menino, o negreiro e os escravos

Antônio tinha onze anos quando entrou para o Ginásio Baiano, do famoso educador Abílio César Borges, futuro barão de Macaúbas e futura personagem de Raul Pompéia, o dr. Aristarco Argolo de Ramos, impiedosamente dissecado vivo em *O ateneu*.

Cecéu começara, porém, a estudar bem antes, aos cinco ou seis anos: primeiro, com professor particular, ainda em São Félix; depois, já em Salvador, num outro colégio, o São João, também conhecido como Sebrão, do nome de seu diretor, Francisco Pereira de Almeida Sebrão.

Um ano depois de transferir-se para o Ginásio Baiano, a escola se mudou para um palacete em Barris, alugado ao grande traficante de escravos instalado em Porto Novo, na costa africana, Domingos José Martins, filho do revolucionário pernambucano de mesmo nome, fuzilado pelos portugueses após o malogro do movimento de 1817. Muito provavelmente, o negreiro adquirira esse prédio para sua morada quando alimentou a esperança de poder vir a ostentar a sua riqueza na cidade que assistira ao martírio de seu pai.

No Ginásio Baiano, Antônio teve como contemporâneo um outro aluno, Rui Barbosa, quase três anos mais novo que ele. Mas os dois só ficariam amigos alguns anos mais tarde, no Recife, e íntimos, quando, em São Paulo, viveram por breve tempo sob o mesmo teto.

Abílio César Borges não merecia a caricatura feroz que dele fez Raul Pompéia, ao vingar-se, em *O ateneu*, dos sofrimentos de um menino hipersensível, que não encontrara repouso para a alma aflita no colégio interno. No romance, Abílio aparece com as condecorações a lhe gritarem do peito "como uma couraça de grilos". Como se fosse todo ele "um anúncio". "A própria estatura", escreve Pompéia, "na imobilidade do gesto, na mudez do vulto, a simples estatura dizia dele: aqui está um grande homem." E continua: Aristarco "produzia-nos a impressão de um enfermo, desta enfermidade atroz e estranha: a obsessão da própria estátua".

Abílio César Borges podia ser vaidoso, porém estava mais do que em dia com as novas idéias pedagógicas. Introduziu o sistema de ensino simultâneo de várias disciplinas, o aluno tendo aulas, no mesmo curso, de português, latim, francês, história e geografia. Foi um escândalo na época: acreditava-se que os alunos iriam misturar as matérias e não aprenderiam direito nenhuma delas. O professor Abílio só a poucos convenceu das vantagens de seu método, ao insistir em que o estudo variado não cansava nem aborrecia e "a inteligência sempre refresca, quando passa de um trabalho a outro diferente". Escândalo ainda maior foi a abolição da palmatória em seu colégio. Não se aceitava nem se compreendia que se pudesse educar uma criança sem castigos corporais. Mas não ficavam nisso as excentricidades do professor Abílio: ele falava abertamente, e não só nas aulas, contra a escravidão.

Uma outra novidade que o professor Abílio introduziu em seu colégio foi a dos saraus literários, com a participação de professores, alunos e pais. Dava tamanha importância a essas tertúlias que construiu um palanque especialmente para elas, o "Outeiro". Nesse palanque, Antônio de Castro Alves, meninote bonito, de porte altivo, moreno, olhos grandes, vivos e pestanudos, boca carnuda, cabelos negros e ondulados, recitou os seus primeiros poemas. Poemas de quem ainda não saíra de todo da infância — sobre o aniversário do mestre ou datas patrióticas como o 2 de Julho e o 7 de Setembro —, mas escritos para ser ditos em voz alta, como era costume numa sociedade que lia pouco, mas gostava de ouvir e sabia admirar uma fala bonita. Tanto assim que para o teatro não faltava público, sendo as peças e os atores assunto de todas as conversas.

Ei-lo, no alto do palanque — mal chegara aos catorze anos —, a empurrar com a mão a cabeleira para trás e a dizer, com voz eloqüente, versos como estes, recebidos com aplausos, nos quais já se esboça o seu estilo:

Qual leão encostado à dura rocha
Da grande serra, onde o senhor habita,
Vestido de áurea juba reluzente,
O débil caçador ao longe fita;

[...]

Tal o Brasil sentado junto às margens
Do verde oceano que seus pés lhe beija,
E recostado sobre o alto Ande
Que além nos ares, pelo céu flameja.

No colégio do professor Abílio, Antônio aprendeu latim, francês e inglês. E bem. Sobretudo, latim e francês. A ponto de, ainda menino, traduzir em versos uma ode de Horácio — como lembrava Ernesto Carneiro Ribeiro, que foi seu mestre — e todas as poesias de Victor Hugo que constavam do livro de leituras em francês adotado em classe.

D. Clélia não teve tempo para aplaudir o filho prodígio: finou-se em 1859. Já devia estar com a tuberculose avançada desde dois anos antes, o que explicaria ter o dr. Alves posto, em julho de 1857, um anúncio nos jornais, à procura de "uma senhora de alguma educação" que se quisesse "encarregar de tomar conta de meninos e da direção de uma casa de família". Ele não queria deixar as crianças ao cuidado exclusivo das escravas.

Algum tempo depois da morte de d. Clélia, o dr. Alves, embora continuasse dono da Boa Vista, que reservava para sua prática médica, passara a residir na rua do Sodré. Ali conheceu uma vizinha, viúva, d. Maria Ramos Guimarães, que morava no mais belo casarão da rua. Casou-se com ela em 24 de janeiro de 1862, mudando-se logo em seguida, com os filhos, para o palacete da nova mulher.

O primeiro marido de d. Maria, o português Francisco Lopes Guimarães, era proprietário de navios negreiros — conhecemos o nome de três: *Queri, Maria* e *Chinfrim* —, e ganhara muito dinheiro com o tráfico de escravos e outras atividades comerciais. Lopes Guimarães aparece, como um dos seus correspondentes, nas cartas do mercador de escravos estabelecido em Ajudá, Anexô e Aguê, na Costa da África, José Francisco dos Santos, "o Alfaitate", que era, por sua vez, genro do maior de todos, o famoso Chachá Francisco Félix de Souza. Figura também como credor do filho do Chachá, Antônio Félix de Souza.

Um traficante de escravos competente e com sorte não demorava a ficar rico. Sobretudo depois que, em 1808, os britânicos se retiraram do comércio de negros e passaram, logo em seguida, a empenhar-se em extingui-lo. Em conseqüência da retração da demanda, caiu o preço dos cativos na África, ao mesmo tempo que a repressão britânica e a percepção de que não demoraria muito o fim do tráfico provocaram o aumento do preço no Brasil. Estima-se que o valor de venda de um escravo neste lado do Atlântico, quando operava Lopes Guimarães, fosse três vezes o de compra na África.

Não se conclua apressadamente que o lucro do comerciante tivesse essa dimensão. O preço de compra era apenas uma parcela do custo de uma carga de escravos. Em sua formação entravam muitas outras grandes despesas, como o valor de uso do navio e sua depreciação; os ordenados do comandante, dos oficiais e da tripulação (uma tripulação que era, em geral, o dobro da de um barco do mesmo porte engajado em outro tipo de comércio); as taxas pagas às autoridades africanas para que o barco pudesse comerciar em seus portos; o imposto cobrado por elas sobre cada escravo vendido; os presentes aos reis, régulos e seus representantes; os gastos com água e alimentos, que tinham de ser armazenados em enormes quantidades no navio; o pagamento do seguro; a perda de vidas durante a travessia; e o suborno a funcionários brasileiros, para que fizessem vista grossa aos desembarques. Calcula-se por isso que, em média, o lucro de uma viagem negreira ficasse entre 20% e 25%. Era muito, numa época em que um investidor vibrava de alegria, quando lograva um retorno de 10% em qualquer outro tipo de operação.

Como quase sempre sucede, os dados médios não representam toda a história. Se o barco fosse apresado pelos britânicos ou sua carga dizimada pela varíola, o seguro mal amenizaria o rigor do prejuízo. O lucro seria, porém, muito maior que 25%, se tudo corresse bem na viagem, se, por exemplo, o navio chegasse a um porto africano logo depois de um conflito armado e ali encontrasse um grande número de cativos, o que faria não só cair os seus preços mas também reduzir o tempo de estadia na Costa da África. Como se não bastasse essa boa sorte, se os ventos favoráveis apressassem a travessia do Atlântico, poderiam ser poucas as mortes entre a escravaria.

Sobretudo a partir de 1845, com a promulgação do Bill Aberdeen, que autorizava os navios de guerra britânicos a capturar barcos suspeitos, ainda que não tivessem escravos a bordo e até mesmo em águas territoriais brasileiras, a repressão ao tráfico negreiro fez-se mais efetiva. O comércio de negros, que sempre fora arriscado, tornou-se mais que nunca um jogo, no qual se podia ganhar muito ou perder tudo. Bastava que os ingleses apreendessem, num só ano, dois ou três carregamentos de um traficante negreiro de capitais restritos para que ele entrasse em dificuldades e começasse até mesmo a temer a falência. Boa parte dos traficantes, tanto na costa africana quanto nos portos do Brasil, começou a amargar enormes prejuízos. E assim se passou com Lopes Guimarães, que, em seus últimos anos de vida, perdeu boa parte do que havia acumulado.

Encontrava-se no Porto, a negócios, quando faleceu, em 1851. Manifestara a vontade de ser enterrado na Bahia. E para Salvador vieram as suas cinzas, assim como o mármore para o jazigo.

O negreiro não morreu rico, mas tampouco morreu pobre. Deixou para a viúva e os três filhos, dois dos quais faleceriam pouco depois, o palacete da rua do Sodré, enorme, com três portas e quatro janelas no andar térreo, sete janelas com alpendres de grades de ferro no primeiro andar e mais sete no segundo, além de dinheiro, vários imóveis mais pequenos, a metade de um palhabote português, o *Águia*, além de alguns outros navios que a supressão do tráfico tinha posto fora de uso. O valor da herança, provavelmente subestimado, como era de praxe nos inventários, seria de quase 145 contos de réis. Um belo prédio como o solar do Sodré valia 36 contos; o comandante-geral da polícia ganhava anualmente, em 1854, dois contos e 265 mil réis; e um capitão, um conto e 80 mil réis: vê-se, assim, que não foi pouco o que levou d. Maria para o casamento.

Durante a viuvez, d. Maria continuou, enquanto pôde, à frente dos negócios do ex-marido. Inclusive os negreiros, se é que procediam as suspeitas do cônsul britânico, que, em 1852, incluiu o seu nome — Viúva Lopes — entre os de 28 pessoas que talvez ainda traficassem escravos clandestinamente na Bahia. Seu filho, Francisco Lopes Guimarães Júnior — a quem Castro Alves chamava afetuosamente Chico —, desposaria Elisa, a mais velha das irmãs de Cecéu.

Mulher acostumada ao mundo dos negócios, d. Maria deve ter procurado pôr ordem nas finanças da sua nova família, abaladas pela aquisição da quinta da Boa Vista. Dedicada e afetuosa, tornou-se mãe, em vez de apenas madrasta, dos filhos do novo marido. Afeiçoou-se a todos e a cada um deles.

Que não cause estranheza o fato de os ganhos com o comércio de escravos terem contribuído para o bem-estar da família Alves e para os estudos, a elegância, a boêmia e os amores do poeta. Salvador vivera até 1850 na dependência do tráfico negreiro. Quase todos, dos maiores aos mais miúdos, estavam com ele comprometidos. Cada qual dos grandes homens de negócios armava o seu navio para ir comerciar na Costa da África. Os remediados contratavam parte da carga de um barco ou adquiriam parcelas de um empreendimento. Os pequeninos faziam suas encomendas de três, dois ou até mesmo um só escravo.

O tráfico negreiro estimulava todas as atividades econômicas: era o motor da cidade. Os estalajadeiros abrigavam as tripulações estrangeiras, enquanto a maioria dos marinheiros era recrutada na terra, sobretudo entre os pobres livres e os libertos, que podiam ganhar numa viagem mais do que um alferes durante um ano. Boa parte do tabaco que se cultivava, da farinha de mandioca que se fazia e da cachaça que se destilava, assim como a totalidade dos búzios que se recolhiam no litoral, tinha por mercado a África, responsável pelo primeiro de todos os itens da pauta de importação da Bahia: o escravo. Muitos dos outros bens que nela se incluíam, como os tecidos de algodão britânicos e indianos, a cutelaria, as armas de fogo, as contas de vidro e os artigos de cobre e latão, destinavam-se a ser reexportados para o golfo do Benim e outras partes do continente africano. E não eram poucos os que ganhavam a vida, e bem, a abastecer de víveres os navios negreiros, e a limpá-los, e a consertá-los.

O escravo estava por toda parte. A primeira cousa que ocorria a alguém que melhorava de vida, até mesmo a um ex-escravo agora liberto, era adquirir um escravo. Esse era o melhor investimento para um marceneiro, uma doceira, um barbeiro, uma costureira. As pessoas aplicavam as economias em escravos, que punham a trabalhar para si ou alugavam a outras, e havia muita gente que vivia disso. Até mesmo em alguns contos populares, nas versões locais das histórias de Trancoso, quem enricava por milagre ou recompensa por uma bondade se apressava em construir um palácio, casar-se e comprar escravos. Talvez na ordem inversa.

Cecéu os teve em casa e acostumou-se a vê-los nas ruas e travessas de Salvador, muitas delas íngremes, com as casas a deixarem ver, por cima dos muros, os quintais cheios de verde. A cidade fazia galas de metrópole, embora suas ruas fossem sujas e barulhentas, com gente vestida de todo jeito, o oficial do Exército impecavelmente fardado e o bacharel de sobrecasaca, a pé ou a cavalo, a se misturarem a africanos com escarificações no rosto e apenas um pano enrolado nas virilhas. Muitos negros usavam longos camisolões ou camisas amplas e um barrete na cabeça, na maioria dos casos o gorro típico dos iorubás. Outros, de calças apertadas e torso nu, cruzavam com negras de turbante e vestidos estonteantemente coloridos. Esta africana ou crioula, escrava, liberta ou livre, sentada atrás de um fogareiro, vendia frituras. Aquela oferecia doces e gulodices que trazia numa cesta, coberta por um pano branco. Um rapaz trazia ao ombro, nas duas pontas de uma vara, uma dúzia de galinhas penduradas pelos pés, a oferecê-las de casa em casa. Um outro tranqüilamente cortava o cabelo de um freguês, numa cadeira que pusera em pleno calçamento. Crianças seminuas corriam atrás de cachorros. Um vendeiro português aparecia à porta da loja em camisa e de tamancos.

O que quase não se via eram mulheres brancas ou tidas por brancas, a não ser as que passavam, geralmente meio ocultas pelas cortinas, em seges ou outros carros puxados por cavalos, onde permitissem as ladeiras, ou em cadeirinhas, nos ombros de escravos, alguns deles, os das casas de melhor condição, em uniformes cuidados, ainda que descalços. Iam de visita a uma amiga, a parentes, ou a caminho da igreja, da modista, do chapeleiro ou da loja de tecidos. Nenhuma senhora que se prezasse saía a fazer as compras da casa — isso era tarefa de escravas. Na passagem da sexta para a sétima década do século XIX, embora as mulheres começassem a sair de seus encerros e brilhassem nos saraus, nas festas e no teatro, ainda não se impusera na cidade a moda, difundida da rua do Ouvidor, na Corte, de irem as senhoras exibir a elegância nas casas de chá, nas confeitarias e nos quarteirões de comércio fino. As ruas de Salvador pertenciam aos homens e, para usar uma expressão dos bem postos na vida, à canalha.

3. No Recife

No dia seguinte ao casamento do pai com d. Maria Guimarães, Antônio e seu irmão José Antônio embarcaram num navio para o Recife, onde iam estudar direito. Era aquele o destino natural de quase todos os rapazes do norte do Brasil que queriam matricular-se nos cursos jurídicos, pois só havia duas faculdades de direito no país, e a outra ficava na cidade de São Paulo.

Antônio, naquele 25 de janeiro de 1862, estava perto de seus quinze anos. Meninote, continuava bonito, embora muito pálido, alto e magro. Era simpático e comunicativo, jovial e brincalhão, ainda que, na voz de um colega que se tornaria um de seus melhores amigos, Luís Cornélio dos Santos, excessivamente orgulhoso.

Com o irmão, inscreveu-se no curso preparatório para o ingresso na faculdade de direito, na qual aspirava a entrar com a idade mínima permitida por lei: dezesseis anos. Era leitor dos românticos europeus — Vigny, Espronceda, Heine,

Musset, Lamartine, Quinet —, cujas obras chegavam às prateleiras de algumas livrarias de Salvador, assim como dos poetas brasileiros e portugueses mais recentes. Conhecia os versos de José Bonifácio, o Moço, Gonçalves Dias, Álvares de Azevedo (a quem cita numa carta de janeiro de 1863 e de quem recebeu forte influência), Casimiro de Abreu, Junqueira Freire, Pedro Luís, Fagundes Varela, Soares de Passos e Tomás Ribeiro. Já tinha então por modelos, ao que parece, Byron e Victor Hugo.

O Recife mostrava-se, à primeira vista, diferente de Salvador: em vez de ladeiras, eram pontes que ligavam os distintos bairros da cidade. Mas a paisagem humana era muito semelhante, se não idêntica. Via-se por toda parte a mesma profusão de trajes e de gentes. E a mesma sujeira. Jogavam-se as águas usadas pelas janelas, punha-se o lixo em qualquer lugar e, à noite, a procissão dos negros a carregar os tigres, tonéis de excrementos recolhidos das casas, ia lançá-los no mar, nos cursos d'água ou nos terrenos baldios. A zoeira era enorme: nas vias cheias, pregões confundiam-se com os gritos de uma janela a outra, ou da janela para a rua, e com as conversas em voz alta, os africanos a falarem em seus idiomas. De quando em quando, passava uma cadeirinha, mas esta, como meio de transporte, vinha sendo aos poucos substituída por seges, cabriolés, landôs, berlindas e vitórias, particulares ou de aluguel. Havia até mesmo um veículo coletivo: o ônibus puxado por quatro cavalos ou burros.

No Recife, após uma breve hospedagem no convento de São Francisco, os irmãos se instalaram numa república de estudantes, na rua do Hospício, na qual viriam a ter a companhia do grande amigo de Antônio, Augusto Álvares Guimarães, que mais tarde, em 1873, se casaria com sua irmã predileta, Adelaide. Depois, Antônio e José Antônio foram morar num arrabalde do Recife, junto ao Capibaribe.

Longe dos cuidados familiares, José Antônio mergulhou na melancolia. Taciturno e arredio, passava os dias lendo Byron, fumando, bebendo conhaque e escrevendo poesia. Como o irmão, era poeta — e diziam que bom poeta, de quem não sobraram versos, uma vez que ele os destruiu durante uma de suas crises. O pai, médico, parece que não se deu conta da gravidade dos problemas do filho mais velho, ou quis enganar a si próprio. Pois José Antônio já dera algumas mostras de desequilíbrio, a mais séria aos treze anos: inconformado com a morte da mãe, tentara matar-se jogando-se de uma janela.

Deprimido, não dava atenção aos estudos. O mesmo se passava, por motivos diferentes, com o irmão. Antônio experimentava a euforia do êxito. Já chegara da Bahia famoso, mas sua fama se acrescentaria no Recife. Era chamado constantemente a recitar, e os jornais publicavam os seus versos. Tornara-se em poucos meses uma figura querida e admirada por um pequeno grupo de estudantes. Quando não estava cercado por eles, a gastar-se na boêmia — uma boêmia que, no seu caso, não incluía o abuso de álcool, mas era feita sobretudo de conversas intermináveis noite adentro —, jogava bilhar, fumava, indolentemente deitado numa rede, escrevia versos, desenhava e pintava. São palavras dele, em carta a um amigo: "Minha vida, passo-a aqui numa rede, olhando o telhado, lendo pouco, fumando muito".

Por estímulo do pai, apaixonado pelas artes plásticas, Antônio tomara aulas de desenho e pintura. Tinha jeito para a coisa, mas era só isto: jeito. Alguns dos trabalhos que dele ficaram são bem-feitos, mas medíocres. Talvez tivesse consciência disso, mas desenhar e pintar era do que mais gostava, e passava horas felizes a debuxar figuras no papel ou na tela.

Nos exames de acesso à faculdade de direito, Antônio foi reprovado em geometria, exatamente a matéria que d. Pedro II, ao visitar o Ginásio Baiano, em 1859, considerara não ser ali bem ensinada. No seu diário de viagem, o imperador, após louvar o conhecimento de latim, francês e inglês que tinham os alunos do ginásio, escreveu que de geometria nada sabiam, por mau ensino.

Acostumado a aplausos e louvores, Castro Alves sentiu-se ferido em seu orgulho — ou seria vaidade? — e culpou os examinadores, para ele, uns ignorantes e bestalhões. Passou a assistir, como ouvinte, às aulas do primeiro ano. Displicentemente. Envolveu-se com uma morena — ele, que se confessava "doido pelas morenas" —, de cabelos muito negros, que morava na Soledade. Não se sentia, porém, apaixonado por ela, nem acreditava que ela o amasse. Era uma aventura de jovens ardentes, e nada mais.

Já então se queixava de estar "bastante afetado do peito" e de, por isso, sofrer muito. É possível que, além de ter a pleura irritada, experimentasse crises de tosse. Deve ter contraído a doença da mãe, que morreu tísica aos 34 anos. O pai também tivera, na juventude, problemas pulmonares e, por causa deles, fora obrigado a ir para o sertão, por duas vezes, em busca de sossego e de bons ares. A primeira, entre o quarto e o quinto ano da faculdade, quando, em Curralinho, ficou noivo da mãe do poeta. A segunda, pouco depois do nascimento de Antônio, quando tentou estabelecer-se como clínico em Salvador. Sentindo-se excessivamente fatigado e mal do peito e temeroso de piorar na cidade grande, voltou para o sertão.

Embora se suspeitasse de que fosse transmissível, ignorava-se, na época, que a moléstia era causada por um bacilo, e não se tomavam as precauções necessárias para evitar o contágio. Infectado na infância ou no início da adolescência, a vida destemperada de Antônio lhe abrira as portas à tuberculose. E ela mostrou pressa: segundo o testemunho de seu grande amigo Luís Cornélio dos Santos, ele teria tido, em meados de 1863, uma hemoptise.

Cornélio e os demais companheiros de república haviam saído, deixando Castro Alves sozinho. Ao regressarem, encontraram-no deitado numa rede, abatidíssimo, de olhos fechados, com uma toalha ensangüentada na mão. Também a rede e a camisa do rapaz estavam cheias de sangue. Durante um acesso de tosse, na ausência dos amigos, Antônio havia lançado golfadas de sangue pela boca.

Um pouco antes ou depois dessa crise, em maio de 1863, A *Primavera*, um jornal de acadêmicos de direito, publicou "A canção do africano", seus primeiros versos abolicionistas, que não prenunciavam o grande poeta e passariam despercebidos não fora o assunto de que tratavam, que era novo. Era um poema simples, em redondilha maior, ao jeito da poesia dos cantadores — dos cantadores que Castro Alves, menino, deve ter ouvido muitas vezes na fazenda Cabaceiras, em São Félix ou na chácara de Brotas, e que tanto lhe diziam ao coração. Ele próprio o declarou:

Eu gosto dessas cantigas
Que me vêm lembrar a infância;
São minhas velhas amigas.

Para marcar-lhe o gosto popular, não falta aos versos de "A canção do africano" sequer a palavra "papa-ceia" para designar a estrela Vésper. E é na sua simplicidade que reside a contundência da mensagem antiescravocrata.

Como poesia, "A canção do africano" não vale muito, mas é importante como documento, pois nos mostra que, aos dezesseis anos, numa época em que a luta contra a escravidão ainda não chegara às ruas e não passava de preocupação de alguns poucos, Antônio já era abolicionista:

Lá na úmida senzala,
Sentado na estreita sala,
Junto ao braseiro, no chão,
Entoa o escravo o seu canto,
E ao cantar correm-lhe em pranto
Saudades do seu torrão...

[...]

"Minha terra é lá bem longe,
Das bandas de onde o sol vem;
Esta terra é mais bonita,
Mas à outra eu quero bem!

"O sol faz lá tudo em fogo,
Faz em brasa toda a areia;
Ninguém sabe como é belo
Ver de tarde a papa-ceia!

"Aquelas terras tão grandes,
Tão compridas como o mar,
Com suas poucas palmeiras
Dão vontade de pensar...

"Lá todos vivem felizes,
Todos dançam no terreiro;
A gente lá não se vende
Como aqui, só por dinheiro."

[...]

O escravo então foi deitar-se,
Pois tinha de levantar-se
Bem antes do sol nascer,
E se tardasse, coitado,
Teria de ser surrado,
Pois bastava escravo ser.

Os escravos de Castro Alves amam-se entre si com fidelidade e constância, e são visceralmente apegados aos filhos. A sua família escrava, apesar dos crimes que os senhores cometiam contra ela, está mais próxima da verdade que a dos viajantes estrangeiros, que não viam nas senzalas senão promiscuidade e anomia, como se os que penavam em cativeiro tivessem renunciado à sua humanidade e desistido da esperança. Mesmo num poema tão dramaticamente cruel como "Mater dolorosa", se a mãe mata o filho — o que tantas vezes se passava na realidade —, é por amor, para que ele não padeça os horrores da escravidão. O escravo será sempre, em Castro Alves, devotado aos seus, nobre, altivo, valente e reto. Na maioria dos casos, um resistente, um inconformado, um vingador, um rebelde.

Dois meses antes da publicação de "A canção do africano", numa noite de março, foi ele ao Teatro Santa Isabel, assistir à peça *Dalila*, de Octave Feuillet, apresentada pela Companhia Dramática, do empresário Antônio José Duarte Coimbra, tendo Eugênia Câmara e Furtado Coelho nos papéis principais. Fugia ao cansaço do corpo e ao tédio de uma cidade que então tinha por insípida. Desde, porém, que Eugênia entrou no palco, mais para baixa que para alta, magra, de cabelos castanhos e tez pálida, lábios finos numa boca rasgada, mas com uns olhos vivos e intensos, que desfaziam a primeira impressão de que não era bonita, Antônio colou, arrebatado, a sua imagem na alma.

4. A visita da morte

Eugênia Infante da Câmara era portuguesa. De Lisboa. Atuara com êxito na sua cidade natal, no Porto e no Rio de Janeiro. Traduzira várias das peças que representava; publicara, em Portugal, um livro de versos, *Esboços poéticos* (reeditado em Fortaleza com novo título: *Segredos d'alma*); e escrevera um drama em um ato, *Uma entre mil*, com o qual lograra um certo êxito. Como atriz, fora posta nas alturas por Camilo Castelo Branco, mas, como poetisa, desancou-a Ramalho Ortigão. Se aquele lhe achara os versos bonitos, este foi categórico: não prestavam para nada. Tivera várias ligações amorosas, inclusive com o parceiro de companhia teatral, o ator Furtado Coelho, de quem se dizia ser o pai de sua filha.

É provável que seja ela a Senhora D***, a quem Castro Alves dedicou, pouco depois desse alumbramento, o poema "Meu segredo". Nesse poema, fala-se de um amor que não pode ser confessado, que tem de ser mantido em silêncio, sonhado e ressonhado, em noites febris, obsessiva e sensualmente. A paixão calada torna-se ainda mais intensa. E como o poeta pressentisse a inevitável pergunta sobre quem era a mulher que não saía de seus devaneios, ele mesmo a faz e responde:

A imagem que eu seguia? É meu segredo!
Seu nome? Não o digo... tenho medo.

Medo de um rapaz de dezesseis anos de confessar-se a uma mulher dez anos mais velha que ele, com companheiro conhecido e amparada pela fama e por uma multidão de admiradores. Medo de ser por ela repelido ou, pior, ignorado. Medo de escandalizar a sociedade em que vivia, ao endereçar versos de amor a uma atriz — e os que trabalhavam no palco, os "cômicos", eram, embora admirados ou até adorados quando em cena, malvistos fora dela e impróprios ao convívio com as famílias de bem. As mesmas pessoas que os aplaudiam entusiasticamente no teatro os tinham como amorais, desrespeitosos da ética social, libertinos e devassos. Eugênia Câmara parecia confirmar essa imagem, pois chegara ao Brasil com a reputação de destruidora de famílias e trazendo atrás de si histórias de homens que por ela se haviam desgraçado.

Antônio escondeu o seu fascínio por uma mulher que considerava impossível. E passou a dedicar-se a conquistar outros corações. Antes de um passeio, sempre alinhadíssimo, punha o chapéu e — assim narra a lenda — exclamava, frente ao espelho: "Tremei, pais de família! Don Juan vai sair!".

Tinha, contudo, algo muito mais sério com que se afligir e se preocupar: o irmão mais velho apresentava crescentes sinais de desordem mental. Antônio deu ciência disso ao dr. Alves. José Antônio foi chamado de volta a Salvador, onde o recebeu um pai aflito.

As grandes esperanças do dr. Alves de que os filhos se encaminhassem — como ele diria — bem na vida, estavam a frustrar-se. Um filho nervoso, outro displicente nos estudos e entregue a uma vida desregrada; e tanto um quanto outro, em vez de aspirantes a médico ou advogado, poetas. O que ainda não podia imaginar é que o caçula, Guilherme, iria seguir o mesmo rumo. Guilherme, que adotou o nome literário de D'Alva Xavier, lançaria em 1875, dois anos antes de morrer, um livro de poemas, *Raios sem luz*. Antes disso, com o pseudônimo de Alberto Krass, daria a público uma coleção de traduções de Byron, *A Napoleão*. Uma de suas irmãs, Amélia, também escreveria versos.

O dr. Alves, ao que parece, não queria acreditar na gravidade do estado de José Antônio. E mandou-o para o Rio de Janeiro, a fim de cursar engenharia. Na Corte, porém, os sintomas de distúrbio mental agravaram-se de tal modo que o rapaz não demorou em regressar à Bahia. Foi para Curralinho. Lá ninguém conseguia prendê-lo em casa. Internava-se num capão de mato que havia nas proximidades da fazenda, e só com muito esforço conseguiam tirá-lo de lá. Acabou por suicidar-se, com uma ingestão excessiva de remédio — todo um frasco —, em fevereiro de 1864.

A notícia alcançou Antônio às vésperas de sua matrícula na faculdade de direito. A academia passava por um grande momento de efervescência cultural, e não só entre os professores, mas sobretudo entre os alunos. No mesmo ano, deu-se também o ingresso de um rapaz sergipano, oito anos mais velho que Antônio, estudante aplicado, bom conhecedor de música e de latim, idioma que lecionava e no qual era capaz de escrever versos. Era poeta, compunha, cantava — tinha voz de barítono — e tocava guitarra. Seu nome: Tobias Barreto.

A sua formação, Tobias a fizera em vilas e cidadezinhas do interior de Sergipe — Campos, onde nascera, Estância e Itabaiana. Nisso não era exceção. As biografias dos homens daquela época mostram como muitos deles — a começar pelo próprio Abílio César Borges — aprenderam com mestres-escolas e vigários de vilarejos do interior não só a lidar com os clássicos do idioma e a bem escrevê-lo, mas também a dominar o latim, além do francês, do alemão e do inglês. Os professores e os sacerdotes tinham bom preparo, e alguns possuíam sólida cultura, ainda quando viviam em lugarejos apartados.

Logo se estabeleceu uma boa camaradagem entre Tobias e Antônio. E este entrou em cheio na movimentada vida acadêmica. Com os colegas, lançou um jornal de estudantes, *O futuro*. Mas não parece que se tenha devotado aos estudos. E, quando o ano já estava a caminho de findar, a saúde voltou a preocupá-lo. Certa noite de outubro, doeu-lhe o peito, e ele avistou a morte. Escreveu então um poema, "O tísico", a que daria depois um novo nome: "Mocidade e morte". Trata-se de uma elegia antecipada para si próprio, inconformada e dilacerante, na qual faz um entusiástico elogio à beleza da vida, a fim de tornar ainda mais terrível a certeza da morte próxima, a convicção de que nada do que poderia vir a ser e ter, seria e teria.

"Oh! Eu quero viver", exclama logo no primeiro verso.

Oh! Eu quero viver, beber perfumes
Na flor silvestre, que embalsama os ares;
Ver minh'alma adejar pelo infinito,
Qual branca vela n'amplidão dos mares.
No seio da mulher há tanto aroma...
Nos seus beijos de fogo há tanta vida...
— Árabe errante, vou dormir à tarde
À sombra fresca da palmeira erguida.

Mas uma voz responde-me sombria:
Terás o sono sob a lájea fria.

Quem escreve esses versos e os outros que lhe seguem, a somar à súplica, revolta e desespero, é um rapazinho de dezessete anos, bonito, insinuante, amado pelas moças, admirado pelos colegas, excepcionalmente inteligente e cônscio de que possuía mais do que talento — ele, que escreveu: "Eu sinto em mim o borbulhar do gênio" —, de que fora feito para a fama e tinha tudo para entrar na história. Tudo, exceto tempo. Pois, mais que a premonição da morte próxima, tinha dela a certeza — e isto nos diz, num ritmo propositadamente lento e com aquela sinceridade que marca os melhores instantes dos nossos grandes poetas românticos:

> *E eu sei que vou morrer... dentro em meu peito*
> *Um mal terrível me devora a vida:*

Mas morrer — ele bem o sabe —

> *[...] é trocar astros por círios,*
> *Leito macio por esquife imundo,*
> *Trocar os beijos da mulher — no visco*
> *Da larva errante no sepulcro fundo.*

Por isso, grita:

> *E eu morro, ó Deus! na aurora da existência,*
> *Quando a sede e o desejo em nós palpita...*

antes de, quase resignado, nos dizer em voz mais baixa:

> *Resta-me agora por futuro — a terra,*
> *Por glória — nada, por amor — a campa.*

Talvez tenha sido por impulso desse pressentimento da morte próxima, ou porque sentia sua saúde deteriorar-se, ou porque recebera más notícias da família e de um pai a sofrer, sem nenhum sinal de resignação e talvez com injustificado remorso, o suicídio do filho, ou por outro motivo que tenha ficado em segredo, que Castro Alves, mal terminou de passar a limpo esses versos, viajou às pressas para a Bahia. Em conseqüência, perdeu o ano, por faltas, que o professor de direito natural se recusou a abonar. Os mestres não o tinham por bom aluno, e com carradas de razão: dormitava em vez de prestar atenção às lições de direito romano e passava as outras classes a encher uma folha de papel, que intitulava de "Aula ilustrada", com versos, desenhos e caricaturas.

5. Para mudar o mundo

Em Salvador, dedicou-se à família e reviu os amigos. Encontrou o pai abatido, tristonho, inconformado com o suicídio de José Antônio e cheio de preocupações financeiras, derivadas em boa parte de sua obsessão em transformar a quinta da Boa Vista num hospital modelar. Mas o dr. Alves passara a ter um lenitivo na gravidez da mulher, que lhe daria um novo filho, Cassiano.

Castro Alves foi descansar por alguns dias em Curralinho. Ali perto, em Muritiba, durante uma visita, reencontrou, bela adolescente, uma amiguinha de infância, Leonídia Fraga. Com ela, quando criança, costumava brincar, correr pelos campos e ouvir as histórias da ama Leopoldina. Fora menina bonita, e era agora a mais linda das moças: muito alva, com longos cabelos escuros, quase negros, rosto oval, sobrancelhas espessas, olhos tristes e lábios carnudos. Não era uma caipira. Moça prendada, tocava piano, cantava e lia os seus poetas. Antônio enamorou-se dela, e ela, dele. Mas o namorico ficou nisso, pois o rapaz de pronto voltou a Salvador.

Não se duvide de que Leonídia, morando em Curralinho, soubesse tocar piano. O piano tornara-se uma espécie de mania nacional durante o Segundo Reinado, mania que se prolongou República adentro. No Rio de Janeiro e nas capitais das províncias, não havia casa de gente que se prezasse que não possuísse piano, de fabricação inglesa ou francesa, móvel indispensável para marcar uma família de distinção social e transformar uma sala de visitas num local onde as pessoas se encontravam para fazer música ou dançar. Das grandes cidades, o piano ganhou o interior: era comum na sede das fazendas. E esperava-se que uma jovem bem formada, que aspirasse ao que se considerava um bom casamento, soubesse tocar piano, ainda que mal.

De volta a Salvador, Antônio ali deu com o poeta de sua predileção entre os contemporâneos, Fagundes Varela. Era um belo rapaz de 24 anos, alourado, de olhos claros, desleixado no vestir e quase sempre a cheirar a álcool. Já havia publicado *Noturnas* e *Vozes da América*, e ganhara renome não só por seus versos, mas também por sua vida extravagante e tormentosa. Vivia como o século julgava que deviam viver os poetas românticos, e escandalizava com suas excentricidades e desregramento a sociedade de São Paulo, em cuja faculdade de direito até então fingira estudar. Ainda estava no segundo ano quando se casou, contra a vontade da família e sob reprovação geral, com uma artista de circo. Levou-a para morar numa república de estudantes. E com ela teve uma criança, que morreu com pouco mais de três meses. O poeta desesperou-se. Afundou-se ainda mais na bebida. E escreveu sobre a morte do filho uma das mais belas elegias da língua portuguesa: "Cântico do Calvário".

Varela viajara para o norte, por insistência paterna, a fim de continuar seus estudos no Recife. O navio, o francês *Bearn*, naufragou na costa da Bahia. O poeta, dando em terra, caminhou até Valença, de onde uma lancha o conduziu a Salvador. Ali conheceu Castro Alves. Foi ao lado dele que seguiu para o Recife, e seria em Castro Alves e seus amigos, como Augusto Álvares Guimarães e Regueira Costa, que se apoiaria na capital pernambucana.

Varela freqüentava a casa da rua do Lima, no bairro de Santo Amaro, onde Antônio passara a viver na companhia de uma jovem chamada Idalina, de quem não se sabe sequer o sobrenome. Sabe-se, porém, que era encantadora, que tocava piano e que devia ser simples, terna e amorosa, pois Antônio passou com ela alguns poucos meses de recolhimento e tranqüilidade. E também de inspiração, pois foi nessa casa e ao lado de Idalina que começou a escrever os poemas de *Os escravos*.

Obrigava-o ao resguardo em que vivia a própria relação com Idalina, uma relação malvista e comentada com reprovação na cidade. Esse retraimento, contudo, não durou muito, e quando Antônio saiu dele, foi para um dia de escândalo e glória.

Castro Alves matriculara-se novamente, em março de 1865, no primeiro ano de direito. Continuou a não brilhar como estudante. Mas em 10 de agosto, na sessão solene comemorativa da abertura dos cursos jurídicos, declamou, no salão de honra da faculdade, o poema "O século", que tornou o seu nome conhecido em todo o Recife, difundido pela boca entusiasmada dos estudantes e daquela parte do público que se mantinha fiel ao espírito revolucionário que animara 1817, 1824 e 1848. A outra, a tradicionalista e conservadora, também falou dele, e muito, molesta e enraivecida.

No poema, descreve-se a triste situação em que se encontravam no mundo as liberdades, negadas em tantos lugares — na Polônia, na Grécia, na França, na Hungria, no México —, e como prevalecia a opressão. Mas, para o poeta que ia dizendo os seus versos com voz alta, vibrante e emocionada,

Toda noite — tem auroras,
Raios — toda a escuridão.
Moços, creiamos, não tarda
A aurora da redenção.

E havia sinais disso. Não se ouvia

[...] do Norte um grito,
Que bate aos pés do infinito,
Que vai Franklin despertar?

É o grito dos Cruzados
Que brada aos moços — "De pé!"
[...]
São bocas de mil escravos
Que transformaram-se em bravos
Ao cinzel da abolição.

    Castro Alves não ignorava como os escravos se haviam autolibertado e tomado o poder no Haiti. Rapazola, acompanhara pelos jornais a Guerra de Secessão nos Estados Unidos e a aprovação da 13ª emenda constitucional, que abolia a escravatura naquele país. De que se emocionou com a última bala da guerra, disparada contra Lincoln por John Wilkes Booth, em 14 de abril de 1865, deixou um claro testemunho, o poema "Remorso", no qual o assassino do presidente está sempre a fugir de si próprio, embuçado, no dorso de um cavalo negro.
    Era aos moços, pensava Castro Alves, que cabia mudar o mundo. E para isso os convocou, naquele 10 de agosto, ao declamar "O século":

Levantai um templo novo,
Porém não que esmague o povo,
Mas lhe seja o pedestal.
[...]

Libertai tribunas, prelos...
[...]
Não calqueis o povo-rei!

Boa parte da audiência, sobretudo o clero e as senhoras, deve ter reagido, indignada, ao início da estrofe seguinte, mas a estudantada vibrou:

Quebre-se o cetro do Papa,
Faça-se dele — uma cruz!
A púrpura sirva ao povo
P'ra cobrir os ombros nus,

Depois de querer um Brasil sem escravos, veio o remate de orador de praça pública:

Basta!... Eu sei que a mocidade
É o Moisés no Sinai;
Das mãos do Eterno recebe
As tábuas da lei! — Marchai!
Quem cai na luta com glória,
Tomba nos braços da História,
No coração do Brasil!
Moços, do topo dos Andes,
Pirâmides vastas, grandes,
Vos contemplam séc'los mil!

O poeta correu os olhos pelo auditório, baixou os braços e calou-se. Os aplausos pareciam não ter fim. Mais do que um poema, "O século" era um discurso em versos. Construído para empolgar a audiência. Até as quatro linhas finais, infelizes como poesia e que, numa leitura silenciosa, parecem diluir a originalidade do início da estrofe, estavam ali para causar impacto, ao serem ditas, com um exagero de ênfase, em voz ainda mais alta. O rapaz sabia o que fazia: não escrevera aqueles versos para serem lidos em silêncio, mas para serem recitados para a multidão. O seu era um poema que se queria violentamente subversivo. Revolucionário. E nele — hoje o sabemos — estão em germe os grandes poemas sociais de Castro Alves, como "O navio negreiro", "Vozes d'África" e até mesmo aquele belo adágio penseroso que é "O vidente".

A essa altura, Castro Alves já fizera suas opções políticas. Era um republicano que não aceitava a menor das restrições às liberdades públicas, um liberal fortemente impressionado pelas idéias socialistas que chegavam da Europa — e que diz ser seu canto irmão do pobre —, um socialista que acreditava nas revoluções, para corrigir as injustiças e os desacertos do mundo, e na poesia como arma da transformação. Num texto dessa época, escreveu que a poesia fora criada "para chorar a humanidade" e deveria "ser o arauto da liberdade [...] e o brado ardente contra os usurpadores dos direitos do povo".

Mas foi em "Adeus, meu canto", poema que escreveu no mesmo ano de "O século", que ele apresentou um verdadeiro manifesto em defesa de uma poesia empenhada contra os poderosos e em favor dos oprimidos, uma poesia "filha da tempestade" e "irmã do raio", que fosse "estrela para o povo" e, "para os tiranos, lúgubre cometa". Pois o mundo estava errado.

Há muita virgem [...]

— é ao seu canto, à sua poesia, que ele se dirige —

[...] que ao prostíbulo impuro
A mão do algoz arrasta pela trança;
Muita cabeça d'ancião curvada,
Muito riso afogado de criança.

Dirás à virgem: — Minha irmã, espera:
Eu vejo ao longe a pomba do futuro.
— Meu pai, dirás ao velho, dá-me o fardo
Que atropela-te o passo mal seguro...

A cada berço levarás a crença.
A cada campa levarás o pranto.
Nos berços nus, nas sepulturas rasas
— Irmão do pobre — viverás, meu canto.

Ele quer a poesia nas praças, embora confesse ser belo

[...] cantar o campo, as selvas,
As tardes, a sombra, a luz;
Soltar su'alma com o bando
Das borboletas azuis;

Muitas vezes ele já o fez, e também ele amou

[...] as flores,
As mulheres, o arrebol,
E o sino que chora triste,
Ao morno calor do sol.

Mas mudaram-se os tempos, e pedem um novo poeta, que se some ao povo e o conduza. Por isso o seu canto deve ser "irmão do escravo que trabalha" e "chorar junto à cruz de seu calvário".

Republicano, socialista, libertário, mas acima de tudo um inimigo da escravidão — da escravidão que tornava intolerável a vida no Brasil e corrompia todos os princípios morais e políticos sobre os quais se presumia que se assentassem as suas instituições —, ao seu combate Castro Alves dedicaria boa parte de seu curto tempo de vida. Dele pode dizer-se que foi dos primeiros, com Joaquim Nabuco, Luís Gama e Rui Barbosa — numa época em que a idéia da abolição era ainda uma extravagância de poucos —, a devotar-se de modo sistemático e permanente à causa antiescravista. Já no início de 1866, três anos depois da publicação de "A canção do africano", o poeta, juntamente com Rui Barbosa, Regueira Costa, Plínio de Lima, Augusto Álvares Guimarães e alguns outros companheiros, fundaria uma sociedade abolicionista no Recife.

Mais do que oposição, o grupo enfrentaria indiferença. Ninguém lhe deu importância. Era mais uma doidice de estudantes, aquela de combater uma instituição ancorada na história, sancionada pela fé cristã, amparada pelas leis e da qual dependia todo o país. A escravatura era aceita como normal por quase todos. E até mesmo aqueles que, tendo estado na Europa, sabiam como, por causa do regime escravocrata, o país era malvisto lá fora, ao chegar ao Brasil, atribuíam essa péssima reputação ao desconhecimento da realidade brasileira. A culpa era da Europa, e não nossa.

No entanto, a escravidão, sobre a qual se fundara a ocupação econômica da maior parte do continente americano, já havia sido abolida nas colônias inglesas e francesas, nos países independentes hispano-americanos e, por fim, nos Estados Unidos. Sobravam, no continente, Cuba, sob domínio espanhol, e o Brasil. Esse prático isolamento não parecia incomodar os brasileiros. A escravidão era tida como necessária, quando não justa. Só ao longo dos anos seguintes irá, pouco a pouco, crescer a oposição ao regime escravista, graças em grande parte à pregação dos jovens. E aos poemas de Castro Alves.

6. No teatro

Em agosto de 1865, provavelmente contagiado pela exaltação patriótica dos colegas, Antônio alistou-se no Batalhão Acadêmico de Voluntários para a Guerra do Paraguai. Mas não partiu, nem tinha saúde para isso. Sua participação no conflito reduziu-se, naquele momento, a discursos quando da passagem de batalhões de voluntários, a um poema em homenagem a um colega, Maciel Pinheiro, que seguia para a guerra, e a um outro, "Aos estudantes voluntários", que recitou para um público entusiasmado, no Teatro Santa Isabel.

O teatro era o centro da vida social do Recife. Numa cidade onde as senhoras só de vez em quando saíam à rua e onde as pessoas de algumas posses, ou que simulavam tê-las, só se encontravam na missa, nos casamentos, nos batizados, nos enterros, nos raros saraus e numa ou outra visita de parente, compadre ou amigo, era no teatro, antes, durante e depois dos espetáculos, que as mulheres mostravam os novos penteados e os vestidos de seda, organza, musselina ou tafetá, conforme os últimos figurinos, e os homens, as casacas bem cortadas, com a condecoração na lapela.

Ali, os que só se conheciam de vista ou de nome podiam cumprimentar-se com um aceno de cabeça. Ali, os jovens se encontravam. Ali, namorava-se. Ali, uns falavam bem ou mal dos outros, trocavam-se mexericos, levantavam-se suspeitas, fazia-se intriga. Ali, nasciam, consolidavam-se e se desfaziam reputações. Ia-se não só assistir a um drama ou a uma comédia, a um recital de piano, violino, canto ou poesia, a uma ópera ou a um espetáculo de variedades, mas também se exibir e ver os outros se exibirem. E não era incomum que alguém, quase sempre um estudante, na cena ou fora dela — do alto de um camarote ou do meio da platéia —, declamasse versos, que podiam ser em homenagem a um artista ou a uma grande data. Se um dos dois, Castro Alves ou Tobias Barreto, estivesse presente, crescia a expectativa. E ela era ainda maior quando ambos se achavam na sala.

Uma dessas noites ficou famosa. Apresentava-se o violinista baiano Moniz Barreto Filho. Ao terminar de tocar, quando serenaram os aplausos, Antônio, de um lado do teatro, pediu a Tobias, que, cercado de amigos e admiradores, se encontrava do outro, que lhe desse um mote para louvar o artista. Tobias deu-lhe uma chave de ouro:

No teu arco prendeste a eternidade.

E Castro Alves improvisou sem vacilação um soneto perfeito.

Mais de uma vez, Antônio mostrou-se um bom improvisador. Esperava-se, na época, que os poetas fossem capazes desse tipo de proeza, sobretudo na Bahia, onde por muito tempo reinou um grande repentista, Moniz Barreto, o pai do músico que Tobias e Antônio homenageavam. Improvisar, aliás, não devia ser difícil para Antônio, que escrevia com extrema facilidade. Pelo menos era o que dele afirmava sua irmã Adelaide:

> Seus versos tão espontâneos eram feitos sem constrangimento ao lado de seus irmãos. Da idéia acudia-lhe imperiosa a inspiração: ligeiras correções neles fazia, de ordinário variantes de difícil preferência pela igualdade de valor, mas se acaso faltava-lhe no momento a adjetivação [...] ou as imagens não eram reproduzidas tais quais as tinha em mente, fitava o olhar longe, muito longe, balançando febrilmente a perna, enlaçando os cabelos nos dedos ou ajuntando-os em pequena mecha e com as pontas bem firmes espetando a testa, como para obrigá-la a obedecer-lhe.

A história não está completa. Se escrevia com rapidez, sabemos, no entanto, por alguns de seus rascunhos, que podia corrigir, e muito, o texto original. E não eram sempre emendas ligeiras, mas emendas de quem, ainda que muito jovem, tinha já uma profunda intuição da técnica do verso. Mudava palavras, modificava versos inteiros e, em alguns casos, chegava a cortar ou substituir estrofes. Quase sempre suas alterações eram para melhor, como mostrou, ao comparar o autógrafo primitivo à forma final do poema "Mocidade e morte", aquele que no Brasil mais conheceu e dominou os segredos da poesia: Manuel Bandeira. Vejam-se, por exemplo, estas duas linhas da segunda oitava, que assim aparecem na versão original do poema:

> *Vem! formosa mulher — camélia pálida,*
> *Adornada com os prantos do arrebol.*

No texto definitivo, sem alterar a idéia, o dístico torna-se perfeito e de um "raro sortilégio verbal":

> *Vem! formosa mulher — camélia pálida,*
> *Que banharam de pranto as alvoradas.*

Veja-se também como estes versos do mesmo poema ganham força e pungência, ao serem reescritos. Onde, na primeira versão, se lia:

> *Trocar os astros pela luz dos círios,*
> *Leito macio por esquife imundo,*
> *Trocar os beijos da inocente esposa*
> *Pelo sepulcro solitário e fundo,*

passa-se a ler:

> *Ai! morrer — é trocar astros por círios,*
> *Leito macio por esquife imundo,*
> *Trocar os beijos da mulher — no visco*
> *Da larva errante no sepulcro fundo.*

A vitória do poeta fica evidente e clara.

Os momentos de aplausos no teatro compensavam os malogros na faculdade. Pois, no fim do ano, Castro Alves viu-se aprovado com um "simplesmente", uma nota que bastava apenas para passar de ano. Dizem que um professor inconformado com as idéias jacobinas que o poeta derramara em "O século" resolvera castigá-lo. Talvez o poema tenha contribuído para a má vontade do lente, porém é de crer-se que mais ainda a incúria do estudante, que os amigos tinham de arrancar de seu refúgio em Santo Amaro para ir aos exames.

Nas férias, Antônio seguiu para a Bahia, acompanhado por Fagundes Varela, deixando sem pagar os aluguéis da casa em que morava. Durante vários dias, o proprietário repetiu-lhe o nome, a denunciá-lo como caloteiro, nos jornais.

7. Em Salvador

Antônio chegou a Salvador a tempo de assistir, em 23 de janeiro de 1866, ao falecimento do pai, com apenas 48 anos de idade, vítima de um coração cansado. Os últimos meses do dr. Alves haviam sido de aflição financeira. Na esperança de transformar a quinta da Boa Vista num hospital, pusera em obras, que pareciam intermináveis, o que tinha e o que não tinha: cerca de 84 contos de réis, mais que o dobro do que valia o solar do Sodré. O que não tinha, ele obtivera em empréstimos com amigos e em bancos. Morrera, por isso, fortemente endividado.

 A viúva, d. Maria, viu-se numa situação difícil. Com o desaparecimento do dr. Alves, deixaram de entrar no orçamento doméstico os seus proventos de professor e de clínico e cirurgião. Ficara ela não apenas com as dívidas do marido, mas também com a responsabilidade pelos enteados. O seu filho Francisco, de regresso dos estudos em Portugal, já andava com as próprias pernas. O menorzinho, Cassiano, tinha apenas um ano de idade. Já os enteados eram só despesas e cuidados. O mais velho, Antônio, ainda não completara dezenove anos, Guilherme tinha catorze, Elisa, doze, Adelaide, onze, e Amélia, nove. Se vendesse às pressas, para pagar os credores, não só o que deixara o marido mas também seus próprios bens, não teria depois como manter a família.

A viúva entendia de negócios. Habilíssima, apressou-se em assumir publicamente as dívidas do dr. Alves. E solicitou que se adiasse a liquidação dos débitos, até que recebesse resposta da oferta que faria ao governo imperial para que este adquirisse a quinta da Boa Vista, a fim de transformá-la num hospital militar. Como o médico era estimadíssimo, e ela tinha boa reputação na praça, os credores assentiram.

D. Maria ganhou assim tempo para reorganizar suas finanças, e, embora a transação ainda demorasse alguns anos — a venda só se realizaria em setembro de 1869, sendo o comprador não o governo imperial, mas o da província, que transferiu a chácara para a Misericórdia, a fim de que ali se instalasse um asilo de loucos —, ela pôde manter a família no palacete do Sodré, sem quebra de decoro nem queda do nível de vida e sem deixar de custear os estudos e as estroinices do enteado mais velho. Em momento nenhum deixou de mandar-lhe a mesada nem de pagar-lhe as taxas acadêmicas, as viagens, as roupas e, mais tarde, as despesas médicas.

Antônio, ao sair de férias, interrompera *Os escravos*, livro a que só retornaria quase dois anos mais tarde, em São Paulo. E abandonara Idalina, que saiu de sua vida como nela entrara: em surdina. Mais tarde, já muito enfermo, no Curralinho, talvez tenham sido os dias em que viveram juntos os que o poeta rememoraria, enternecido e quem sabe com remorso, num belo poema, "Aves de arribação", no qual se lê:

Um dia Eles chegaram. Sobre a estrada
Abriram à tardinha as persianas;
E mais festiva a habitação sorria
Sob os festões das trêmulas lianas.

Quem eram? Donde vinham? — Pouco importa
Quem fossem da casinha os habitantes.
— São noivos —: as mulheres murmuravam!
E os pássaros diziam: — São amantes —!

[...]

Sei que ali se ocultava a mocidade...
Que o idílio cantava noite e dia...
E a casa branca à beira do caminho
Era o asilo do amor e da poesia.

[...]

Hoje a casinha já não abre à tarde
Sobre a estrada as alegres persianas.
Os ninhos desabaram... no abandono
Murcharam-se as grinaldas de lianas.

Que é feito do viver daqueles tempos?
Onde estão da casinha os habitantes?
...A Primavera, que arrebata as asas...
Levou-lhe os passarinhos e os amantes!...

Por ora, em Salvador, Antônio estava sob novo encantamento. Defronte do solar do Sodré, a bela propriedade de sua madrasta, moravam três mocinhas judias: Simy, Ester e Mary Amzalack. Antônio as via com freqüência à janela, e procurou namorá-las todas, indiscriminadamente. Eram mais meninas do que moças, pois a mais velha, Simy, tinha apenas treze anos. Treze anos, mas já era noiva — o que não deve causar surpresa, pois, naquela época, muitas jovens de sua idade já estavam casadas.

Embora acompanhasse as irmãs no namorico de janela, Simy passou a não corresponder aos acenos do poeta. Quando ele escreveu o belíssimo "A hebréia", enviou-o às irmãs, com a dedicatória: "À mais bela". Não disse quem era essa, e talvez não o soubesse, mas é possível que a destinatária fosse Simy. Antônio acabou, contudo, por fixar-se em Ester. Seria ela a musa de "Pensamento de amor" e, bem mais tarde, do terceiro soneto de "Os anjos da meia-noite", no qual se sente a funda impressão que a beleza da segunda das irmãs judias deixara na alma de Castro Alves. No último terceto desse soneto, em que crê revê-la, ele afinal lhe diz, desesperançado de refazer-lhe as feições:

> *Qual nas algas marinhas desce um astro...*
> *Linda Ester! teu perfil se esvai... s'escoa...*
> *Só me resta um perfume... um canto... um rastro...*

É possível que, até mesmo ao sair da janela, Antônio não conseguisse desenhar de memória as irmãs Amzalack. Mas tinha outra imagem bem presente, bastando fechar os olhos para vê-la: Eugênia Câmara. Ela estava em todas as mulheres por quem o poeta se deslumbrava. E ele voltaria a vê-la, no palco e fora dele, ao retornar, findas as férias, ao Recife.

8. Contra Tobias, por Eugênia

O regresso a Pernambuco marcou o início de uma adoração pública e tumultuosa. Antônio, nos intervalos ou no final das representações, endereçava à atriz, do alto dos camarotes, poemas admirativos, ditos com a emoção de quem, se não fosse, como era, sincero, podia ser tomado por um grande ator. Pois ele tinha o porte, a voz e os demais dons de quem nasceu para o teatro.

Eugênia passou a demorar os olhos sobre aquele rapazola bonito e elegante que, a cada aparição, causava entusiasmo na platéia e que, para muitos, era o maior poeta de seu tempo. Apaixonou-se por ele, pois só uma grande paixão e o fascínio da aventura poderiam explicar o haver aquela mulher experiente, quase a chegar aos trinta anos — e, na época, uma mulher de trinta anos já era uma senhora —, largado o homem bem posto na vida de quem era amante, o português Veríssimo Chaves, por um rapaz de dezenove anos, que recebia mesada da família.

Um dia, o Recife amanheceu com a notícia, primeiro cochichada e, depois, dita em voz alta: a atriz havia trocado de amásio e estava agora com aquele poeta que, embora quase menino, já se envolvera em outro escândalo. Não demoraram novos boatos: tinham passado a viver juntos numa pequena casa no Barro, um subúrbio da cidade, no caminho de Tigipió e Jaboatão, perto de um engenho de açúcar. E eram vistos de braços dados, a sair do teatro onde ela representava.

Poeta e atriz não escondiam a ligação. Alguém contraditará essa afirmativa, alegando que Antônio tratava em público Eugênia por Dona — e é como Dona Eugênia que a ela sempre se referirá nas cartas aos amigos. Mas essa era a forma como os próprios maridos se dirigiam socialmente às suas mulheres, no Brasil de então e, em certas partes do país, até quase a metade do século XX.

Esgarçara-se a amizade entre Tobias Barreto e Castro Alves. Talvez aquele se ressentisse com a crescente popularidade deste e com a conseqüente perda de espaço que vinha experimentando no seio da comunidade estudantil. Talvez Castro Alves, vaidoso como era, sofresse por não receber de Tobias as manifestações de admiração que julgava merecer. Começaram a desentender-se. E foi no teatro que a malquerença entre eles se tornou pública e se aprofundou.

Para Antônio, não havia maior atriz do que Eugênia Câmara. E era veemente em sua admiração. Tobias enlevara-se por outra, da mesma companhia, Adelaide Amaral, que entraria na história do teatro brasileiro como uma de suas grandes figuras. Em crítica à representação, no Teatro Santa Isabel, da peça *Gaspar Hauser*, de Auguste Anicet-Bourgeois, tendo Adelaide como principal figura feminina e Eugênia como coadjuvante, Castro Alves fez restrições à interpretação da primeira e louvou exageradamente a da segunda, de quem disse ser "o gênio de nosso palco". Em seguida, manifestou sua inconformidade com o fato de lhe ter sido destinada uma personagem que competia a uma atriz secundária. A conclusão é a de que desejaria tivesse havido uma inversão dos papéis.

Tobias indignou-se ao ler a crítica. E talvez por isso tenha se decidido a partir para o combate. Era ele também um grande tribuno. Baixo e feio, tinha, entretanto, voz de barítono, forte, vibrante, sonora, e os seus sequazes eram tão numerosos quanto os de Castro Alves. A cidade passou a ter uma razão a mais para ir ao teatro: assistir à disputa entre os dois partidos.

No início, o duelo era verbal — cada um dos poetas a louvar melhor que o outro a sua dama — e de aplausos — cada grupo buscando superar o adversário em intensidade e duração. Não tardou, contudo, que a disputa azedasse, com vaias e apupos. E em 23 de novembro de 1866, no começo do segundo ato, quando apareceram no palco as duas atrizes, as facções se engalfinharam. A polícia teve de intervir para separar os brigões. Suspendeu-se o resto da temporada.

Antes disso, certa noite, no teatro, Tobias, para machucar Eugênia, dirigiu a Castro Alves estes versos, no último dos quais aludia à vida dissoluta que a atriz levava:

> *Sou grego, pequeno e forte*
> *Das forças do coração.*
> *Vi de Sócrates a morte,*
> *E conversei com Platão...*
> *Sou grego, gosto das flores,*
> *Dos perfumes, dos rumores;*
> *Mas minha alma inda tem fé...*
> *Meus instintos não esmago,*
> *Não sonho, não me embriago*
> *Nos banquetes de Friné!...*

Castro Alves sabia que Adelaide Amaral era casada, e respondeu de imediato à invectiva, denunciando a devoção de Tobias à atriz. De seu improviso, só se guardaram os dois versos finais:

Sou hebreu; não beijo as plantas
Da mulher de Putifar...

Castro Alves saiu da sala triunfante, e seus admiradores levaram-no a uma ceia entusiasmada, à qual, noutra mesa, Tobias Barreto assistia desolado.

Do teatro, a inimizade transbordou para a imprensa. O primeiro número de *A luz*, publicação lançada por Castro Alves, foi recebido com hostilidade por Tobias Barreto, nas páginas da *Revista literária*. Seguiu-se uma troca, por escrito, de palavras duras e desaforos. Não se perdoariam jamais. Tobias viveria dezoito anos mais que Antônio e se tornaria presença influente na vida cultural brasileira de seu tempo. Germanista ferrenho, combateu o comtismo e as influências francesas no Brasil. Polêmica após polêmica, advogou um monismo materialista e o evolucionismo, para explicar não apenas a natureza, mas também a sociedade. Ao longo da vida, o sergipano não cessou de denegrir o ex-amigo, e legou a seus discípulos, entre os quais Sílvio Romero, a má vontade com que esses leram a poesia de Castro Alves. Romero, em sua devoção a Tobias, passou a vida a sustentar que os versos medíocres deste eram superiores aos poemas de Castro Alves, destinados, segundo ele, ao esquecimento.

A atividade exaltada de Antônio, contudo, não terminava na luta por atrizes. Ele não se poupava na pregação contra o sistema escravocrata, dentro e fora do clube abolicionista que ajudara a fundar. E, embora, ao que parece, não se interessasse pelo cotidiano da política e suas tricas e futricas, não faltava a ato público em prol da República e das liberdades públicas. Não causa espanto, por isso, que ele tomasse posição em favor do velho jacobino Antônio Borges da Fonseca, quando este foi preso e maltratado, em 30 de setembro de 1866, ao tentar realizar um comício proibido e dispersado pela polícia.

Os Borges da Fonseca têm longa tradição de lutas. Tanto que, em homenagem à bravura da família, eles eram autorizados, em Portugal, a ser enterrados em pé. Mas esse Borges da Fonseca pernambucano, além de valente, tinha a vocação dos libertários. Andara metido em todas as revoluções, motins e arruaças que pudera, desde 1821.

Não se sabe com certeza se Castro Alves esteve na manifestação. Mas é belo acreditar que sim, que lá se encontrava e que, ao ver a polícia dispersar violentamente a multidão, tenha subido ao palanque e recitado estes versos que galvanizaram o povo:

> *Quando nas praças s'eleva*
> *Do povo a sublime voz...*
> *Um raio ilumina a treva,*
> *O Cristo assombra o algoz...*
> *Que o gigante da calçada*
> *Com pé sobre a barricada,*
> *Desgrenhado, enorme, e nu,*
> *Em Roma é Catão ou Mário,*
> *É Jesus sobre o Calvário,*
> *É Garibaldi ou Kossuth.*

E gritado:

> *A praça! A praça é do povo*
> *Como o céu é do condor.*

Para prosseguir num tom indignado:

> *Senhor!... pois quereis a praça?*
> *Desgraçada a populaça*
> *Só tem a rua de seu...*

passando depois para versos como estes:

> *Mas embalde... Que o direito*
> *Não é pasto do punhal.*
> *Nem a patas de cavalos*
> *Se faz um crime legal...*

versos nos quais a redondilha popular e a linguagem simples e cortante se mesclam às alusões eruditas.

Não importava que todos entendessem tudo o que dizia, que soubessem quem eram os Gracos, Mário, Catão ou Laocoonte. Conheciam Cristo e o Calvário, e se levantavam à voz emocionada daquele rapaz de belos cabelos negros, olhar iluminado e gestos largos. A cena entraria, assim, na história, ainda que não tivesse havido. E o poema, publicado sem o nome do autor na edição de 16 de dezembro de O *tribuno*, bem que a merecia.

Tornaram-se raros, aliás, para Castro Alves, os dias de palco ou rua. Devia passar a maior parte do tempo na pequena casa do Barro, na companhia de Eugênia Câmara, trabalhando num presente que queria dar a ela: uma peça de teatro.

Talvez ele tenha então começado a escrever *Gonzaga ou A revolução de Minas*. Talvez — se acreditarmos em depoimento de contemporâneo — ele já a tivesse escrito em 1864 e, atento aos conselhos e à orientação de Eugênia, que, como atriz e tradutora da maioria das peças que representava, tanto sabia de teatro, estivesse a refundir o seu texto, a fim de torná-lo mais eficaz no palco. De qualquer modo, no ambiente de idílio da casa do arrabalde, ele se dedicava à sua peça. Consta que encheu as paredes internas do refúgio com desenhos tirados da imaginação e pinturas das paisagens que via em seus passeios.

9. O poeta em casa

A casa do Barro era pequena, mas exigia trabalho, e Eugênia estava acostumada ao conforto. Deviam ter, além da moça que atendia à atriz e do pajem que cuidava do poeta, pelo menos mais uma serviçal. Seria uma escrava?

Os abolicionistas deviam enfrentar diariamente problemas de consciência. Eram contrários a uma instituição que os forçava a depender dela, pois não logravam dar três passos sem usar escravos, já que toda a sociedade, no seu dia-a-dia, sobre eles se assentava. Para começar, suas casas dificilmente funcionariam sem eles, uma vez que por trabalho de escravo se tinham as tarefas domésticas: buscar água no poço, rachar lenha, recolher os penicos e capitães nas alcovas e limpá-los, após despejá-los nas caixas de retrete, lavar e passar a roupa, varrer o chão, lustrar os móveis, arrumar as camas, cozinhar, servir a mesa e fazer as compras da casa. As pessoas nascidas livres ou libertas relutavam em aceitar esse tipo de trabalho, socialmente estigmatizado, e as européias, sobretudo as portuguesas, que se ofereciam para o serviço doméstico propunham-se a ser amas de chaves, acompanhantes, governantas e preceptoras, tendo escravos sob o seu comando para as tarefas desprezíveis e pesadas.

A partir de 1850, começaram a aparecer umas poucas pessoas, sobretudo libertas, a se alugarem — era essa a expressão usada na época — para os serviços domésticos. É possível que fosse uma dessas ex-escravas quem cuidava da casa da atriz e do poeta. Mas é igualmente possível que não, que fosse uma escrava de outrem, por cujos serviços pagavam, ou que Eugênia a tivesse comprado. É também possível que continuasse escravo o filho da ama Leopoldina, o pajem Gregório, que por tanto tempo serviu Castro Alves. Como escravo, ele figura no inventário de d. Clélia Brasília. Será que o poeta o alforriou?

De qualquer modo, é como escravo que ele consta da notícia no *Jornal do Recife* sobre a chegada à cidade, em março de 1865, de Castro Alves e Fagundes Varela. Mas é como criado, a acompanhar Antônio, que aparece numa nota no *Diário da Bahia*, meses depois, em dezembro, ao descer do navio em Salvador.

No final de 1866, Antônio fez um belo exame na faculdade, ajudado pelo ponto sobre o qual lhe pediram que dissertasse, o poder temporal do papa — contra o que fez uma verdadeira catilinária —, e também pelo fato de ser um dos examinadores o professor Aprígio Guimarães, admirador de seus versos, muitos dos quais sabia de cor. Ao contrário do que se esperaria, porém, Antônio não foi passar as férias na Bahia, para comemorar o feito com os seus. Ficou no Recife, embalado por Eugênia e a terminar o texto de *Gonzaga*.

Não podia deixar de ser assim, pois Eugênia, que, em outubro, devia ter seguido para o sul, com a companhia de Furtado Coelho, decidira romper o contrato, para ficar com o poeta. Mas, antes, deve ter hesitado muito e talvez, em certo momento, ter-se mostrado propensa a partir. De outro modo, Castro Alves não teria escrito "Fatalidade", um poema no qual lhe diz adeus.

Ele, primeiro, relembra o encontro da felicidade:

Pálido e triste, atravessei a vida
Sempre orgulhoso, concentrado e só...
É que eu sentia que um fadário estranho
Meus sonhos todos reduzia a pó.

Mas tu vieste... E acreditei na vida...
Abri os braços... caminhei p'ra luz...
E a borboleta da fatal crisálida
Soltou as asas pelos céus azuis.

O tronco morto — refloriu de novo,
Ergue-se vivo, perfumado, em flor,
Abençoando a primavera amiga...
Ai! Primavera de meu santo amor!

Depois, põe-se diante do irremediável:

[...] Na terra tudo vai... gravita
Lá para o ponto que lhe marca Deus.
Os raios tombam — as estrelas sobem!...
Lutar co'a sorte — é combater os céus!

"Vai! pois, ó rosa, que em meu seio, outr'ora
Acalentava a suspirar e a rir...
Deixas minha alma como um chão deserto,
Vai! flor virente! mais além florir...

"Vai! flor virente! no rumor das festas,
Entre esplendores, como o sol, viver,
Enquanto eu subo tropeçando incerto
Pelo patíb'lo — que se diz sofrer!..."

Para concluir:

Que resta ao triste, sem amor, sem crenças?
— Seguir a sina... se ocultar no chão...
...Mas, quando, estrela!... pelo céu voares,
Banha-me a lousa de feral clarão!...

A atriz decidira sacrificar os interesses da carreira à paixão pelo poeta. Juntou-se, então, a outra companhia, também empresada por Duarte Coimbra. E continuou a representar, a ir a saraus e a jantares, a dar-se à vida boêmia. Antônio acompanhava-a, como um pajem constante. E velava o seu sono, cuidadoso para que nenhum rumor a despertasse, nas manhãs que se seguiam a noites maldormidas. Eugênia deixava-se adorar, encantada por ser musa e senhora.

10. *Gonzaga*

Em fevereiro de 1867, Antônio terminou *Gonzaga*. Dois meses mais tarde, leria o drama para um grupo de amigos, artistas e admiradores, no Teatro Santa Isabel. Os ouvintes receberam o texto com entusiasmo. E tinham razões para isso: a peça, de cunho político e intenção republicana, era abertamente abolicionista e apresentava um exemplo claro de como a escravidão deformava as criaturas e abalava os valores humanos. Nela, os inconfidentes são apresentados como adversários da escravidão, eles, que jamais o foram. Castro Alves, ao que parece, ignorava que a abolição da escravatura não figurava entre os projetos dos conspiradores mineiros, e deve ter imaginado o contrário. Era-lhe difícil compreender que a emancipação completa dos escravos não fosse contemplada num movimento cujo objetivo era instaurar a liberdade no país.

    Generoso e coerente, o poeta tinha dessas ilusões. Como bom romântico, venerava, por exemplo, Napoleão Bonaparte, esquecido de que fora este quem, em 1802, restaurara, nos territórios franceses, a escravidão, abolida pelos revolucionários em 1794.

Gonzaga estava destinada a agradar ao público, pois possuía todos os ingredientes dos dramas românticos. Na peça, um velho liberto, Luís, passa a vida a procurar a filha, que o seu antigo dono vendera ainda pequenina. E a filha, Carlota, que era escrava, vive a buscar o pai, que estava quase ao seu lado, embora nenhum dos dois soubesse disso. Só tarde demais se reconheceriam como pai e filha, graças a um rosário de prata que, antes de morrer, a mãe da menina lhe dera.

Durante todos os quatro atos, o amor devotado de Maria Dorotéia por Gonzaga contrasta com a paixão perversa que pela jovem tem o visconde de Barbacena, que usa dos recursos mais vis para tirá-la de Gonzaga, dando mais importância à perseguição ao poeta e ao uso de sua desgraça para seus fins amorosos do que à repressão da conjura e ao castigo dos conspiradores. Não faltam na peça personagens a se esconderem atrás de cortinados, para revelar a verdade no momento propício. Tampouco uma apoteose, com o Hino Nacional soando ao fundo, enquanto a principal atriz recita versos altissonantes.

Curiosamente, Carlota era uma mulata clara, que passaria com facilidade por branca, assim como a Escrava Isaura, do romance de mesmo nome, de Bernardo Guimarães, e Lúcia, a noiva de Macambira em *Rei negro*, de Coelho Neto. Fica-se com a impressão de que esses autores tinham dificuldade de aceitar outros padrões de beleza que não os da mulher européia — Castro Alves, quando descreve escravas, as diz morenas e lhes põe cabelos longos e anelados —, ou que, escrevendo para um público branco, tinham consciência de que, ao clarear a escrava, aumentavam a piedade por ela e a indignação contra o sistema escravista, capaz de todas as torpezas, até mesmo a de manter em cativeiro quem não era negro. Afinal, na lógica do escravismo racista, que permeava toda a sociedade brasileira, os brancos eram sempre livres, e os negros, em princípio, escravos.

Uma história ligada a Castro Alves parece confirmar que era difícil aceitar-se que continuasse escravo quem tinha a aparência de branco. Estava o poeta já no seu último ano de vida, a buscar melhoras em Curralinho, quando, num grupo de cativos postos à venda, ele e alguns amigos descobriram uma jovem quase branca. Uma versão diz que o poeta apressou-se em adquiri-la para alforriá-la. Outra, igualmente plausível, conta que os rapazes começaram a censurar o vendedor, um importante fazendeiro local, por estar a oferecer no mercado uma jovem branca. Este, após forte pressão dos rapazes, teria acabado por conceder-lhe a liberdade.

Há inúmeras cenas inverossímeis e rocambolescas em *Gonzaga*, e muitas falas longas e pomposas. Muitas palavras sublimes. E grandes gestos. Tudo que vinha ao encontro do gosto do público da época. *Gonzaga*, porém, tem qualidades. É um texto de fôlego, a que não falta, em alguns lances, vigor; um texto generoso, que se sustenta bem no palco e que, podado de seus excessos, poderia ser representado ainda hoje com agrado. Que ninguém se esqueça de que foi escrito por um rapaz que tinha entre dezenove e vinte anos. Machado de Assis disse que no drama reapareciam as qualidades da poesia de Castro Alves. Talvez. Mas em *Gonzaga* há poucos momentos em que o grande poeta — que um grande poeta ele já era — põe o rosto para fora da cortina.

Num primeiro momento, Castro Alves pensou em montar *Gonzaga* no Recife. Embora, na leitura feita no Santa Isabel, a peça tenha sido recebida com entusiasmo e, logo em seguida, aprovada pelo Conservatório Dramático de Pernambuco (que, como os demais conservatórios provinciais, funcionava como junta de censura prévia, sem cujo parecer favorável nada podia ser encenado), Coimbra não julgou oportuno levá-la ao palco. Antônio decidiu então estreá-la na Bahia. Não se matriculou no terceiro ano da faculdade. E seguiu para Salvador, no fim de maio, acompanhado por Eugênia e por Emília Augusta, filha da atriz.

Antes disso, no entanto, viveria mais um episódio de poeta e orador de rua, a levantar o povo. Os estudantes, chefiados por um colega cearense, Ambrósio Torres Portugal, haviam vaiado, na Câmara Provincial, o deputado Maximiliano Lopes Machado. Este e mais dois irmãos esperaram o rapaz numa ponte do Recife e começaram a espancá-lo. O grupo que acompanhava o estudante conseguiu, porém, libertá-lo e prender os agressores, que, levados à chefatura da polícia, foram quase imediatamente postos em liberdade, saindo pela porta dos fundos. Indignados com a impunidade dos que se tinham por poderosos, os estudantes, com o apoio de parte da população, iniciaram uma série de protestos, violentamente reprimidos pela polícia. Quando a massa de estudantes passava pela rua do Imperador, Castro Alves, de uma janela, improvisou um poema candente, no qual, entre outras cousas, isto dizia:

Protesto santo se levanta agora,
De mim, de vós, da multidão, do povo;
[...]

A lei sustenta o popular direito,
Nós sustentamos o direito em pé!

11. O regresso à Boa Vista

O desembarque de Castro Alves em Salvador encheu a boca dos maldizentes. Ali estava um rapaz de uma das melhores famílias da Bahia a enxovalhá-la, amancebado com uma "cômica". E nem sequer dissimulava a relação vergonhosa, pois se instalara com a atriz e sua filha num hotel central de Salvador, o Figueiredo, na praça do Teatro, que hoje leva o nome do poeta. No palacete do Sodré, deve ter havido cochichos de inconformidade, logo abafados, porém, pelo amor que a madrasta, o cunhado e as irmãs devotavam ao rapaz, que afinal era um poeta, e dos poetas se esperava tudo.

A família não tardou em conformar-se com a situação e consentiu que Eugênia e Antônio, acompanhados pela filha da atriz, fossem morar no casarão da Boa Vista, que ainda não havia sido vendido para o governo. A decisão foi acertada. Primeiro, porque deixavam de pagar hotel. Segundo, porque, ao sair do centro da cidade, se afastavam da curiosidade e da maledicência. Terceiro, porque, na chácara de Brotas, o poeta reencontraria mais uma vez a natureza, que aprendera tão bem a descrever e a revelar. E ali escreveria "Sub tegmine fagi", um poema em que, logo em seus primeiros versos, nos relembra que

> [...] O campo é o ninho do poeta...
> Deus fala, quando a turba está quieta,
> Às campinas em flor.
> — Noivo — Ele espera que os convivas saiam...
> E n'alcova onde as lâmpadas desmaiam
> Então murmura — amor —

A caminhar entre as árvores, ele vai vendo, sentindo e dizendo:

> Meus Deus! Quanta beleza nessas trilhas...
> Que perfume nas doces maravilhas,
> Onde o vento gemeu!...
> Que flores d'ouro pelas veigas belas!
> ...Foi um anjo co'a mão cheia de estrelas
> Que na terra as perdeu.
>
> Aqui o éter puro se adelgaça...
> Não sobe esta blasfêmia de fumaça
> Das cidades p'ra o céu.
> E a Terra é como o inseto friorento
> Dentro da flor azul do firmamento,
> Cujo cálix pendeu!...

Embora sabendo que "a alma fica melhor no descampado", como diz o poema, Antônio e Eugênia passaram a receber os amigos e a promover reuniões e saraus na velha chácara. Muitos de seus cômodos — talvez a maior parte — permaneceram vazios e fechados. Mesmo assim, o tamanho da casa e o movimento que ela passou a ter indicam que ali o serviço doméstico não podia ser exercido apenas pelo pajem Gregório, pela criada de servir que acompanhava Eugênia e por uma liberta de aluguel. Valia-se o casal, provavelmente, apesar do constrangimento e do remorso do poeta, de escravas pertencentes à sua família.

Antônio se reincorporara à vida da cidade. Colaborava nos principais periódicos. Fazia novos amigos, entre os quais um dos mais constantes seria o jovem Mello Moraes Filho. O futuro autor de *Festas e tradições populares do Brasil* tinha ido para Salvador, naquele mesmo ano de 1867, a fim de tomar ordens. Desistiu, entretanto, de ser padre e ligou-se ao grupo de Castro Alves. Um grupo, diga-se de passagem, que era dado a grandes farras e brincadeiras. Numa noite, por exemplo, após uma barulhenta invocação dos espíritos, os rapazes saíram como fantasmas, arrastando correntes, a assustar a vizinhança.

A principal preocupação do casal era, contudo, a de encenar *Gonzaga*. Em torno de Eugênia logo se organizou um grupo teatral, formado em parte por amadores, que não só estreou com grande êxito, em junho, com *O gaiato de Lisboa*, mas pôs-se a ensaiar o drama de Castro Alves. A peça foi aprovada no mesmo mês, com apenas um voto restritivo, pelo Conservatório Dramático da Bahia, no qual o poeta havia sido admitido pouco antes, também com um voto contra, e da mesma pessoa, um certo Belarmino Barreto, que, até depois da morte de Castro Alves, continuou a denegrir sua reputação.

A ausência de unanimidade amargurou Antônio. O poeta era vaidoso. Não admitia que lhe apontassem senões de forma. Muito menos que pusessem em dúvida o seu valor. De um docente de quem recebera, no Recife, uma nota baixa, apressou-se em dizer que, burro, lhe dera um coice. Não tinha a menor paciência com os que encontravam defeitos em sua poesia ou não a apreciavam. Como era hipersensível, qualquer reparo o machucava. E reagia violentamente. Se não gostavam do que escrevia, é porque tinham patas e grandes orelhas, como declarou a um companheiro. As poucas cartas que dele restam mostram-no atento às críticas e aos elogios, e até a puxar por estes, a pedi-los, e a insistir com os amigos que reproduzissem nos jornais locais os louvores que recebia. As reações negativas correspondiam, como escreveu a seu amigo Regueira Costa, a "trevas", "tormentas" e "amargos"; as positivas, a "luz", "bonanças" e "ambrosias". Os aplausos lhe faziam um bem enorme.

Deve ter durado dias, por isso, a sua felicidade pela resposta entusiasmada que lhe deu o público, quando, na grande data da Bahia, recitou, no Teatro São João, o poema "Ao Dous de Julho". O teatro repleto chamou-o à cena e demorou-se nos vivas e nos aplausos, empolgado com a figura, a voz e as palavras do poeta, que soubera ligar a gesta da independência baiana às batalhas que se travavam no Paraguai. Antônio tinha um especial apego à grande data da Bahia, talvez porque nos acontecimentos que ela comemora tivesse desempenhado papel importante o seu avô materno, à frente do famoso "Batalhão dos Periquitos", assim alcunhado pelo verde vibrante que marcava o seu uniforme.

Três meses depois, um novo êxito, novamente no Teatro São João. Numa cerimônia de entrega, pelo Gabinete Português de Leitura, de quantia angariada numa campanha em favor dos órfãos dos soldados mortos na guerra, Castro Alves declamou um poema eloqüente, mas menos bombástico, e mais pensado e sentido: "Quem dá aos pobres empresta a Deus".

Mas não era só ele que, ao apresentar-se em público, fazia crescer o seu prestígio. Eugênia Câmara contribuía igualmente para isso, como quando, em agosto, num festival em benefício da biblioteca do Grêmio Literário da Bahia, disse o poema "O livro e a América". Castro Alves foi chamado ao palco, para receber os aplausos que mereciam versos que continuam a guardar-se de cor. Como estes:

> *Cansado doutros esboços*
> *Disse um dia Jeová:*
> *"Vai, Colombo, abre a cortina*
> *"Da minha eterna oficina...*
> *"Tira a América de lá."*

E estes outros:

> *Oh! Bendito o que semeia*
> *Livros... livros à mão cheia...*
> *E manda o povo pensar!*
> *O livro caindo n'alma*
> *É germe — que faz a palma,*
> *É chuva — que faz o mar.*

12. Entre o palco e a infância

A grande consagração foi, contudo, no 7 de Setembro, quando *Gonzaga* subiu à cena pela primeira vez. O poeta foi chamado ao palco, sob aplausos, no fim de cada ato. Ao terminar a peça, seguiu-se uma ovação como nunca, ao que consta, se ouvira na Bahia. Findo o espetáculo, alguns poetas, entre os quais seu irmão Guilherme, recitaram odes em seu louvor. Após pôr em sua testa uma coroa de louros, da qual pendia uma fita com as palavras "Ao gênio", a mocidade o levou nos ombros até o Hotel Figueiredo, onde lhe foi oferecido um banquete, e depois, em triunfo, até o palacete do Sodré. Houve mais duas representações, em 2 e 6 de outubro, a última, porém, para tristeza do poeta, para menos de meia sala. Não havia público na cidade para um número maior de apresentações da mesma peça.

A Bahia tinha gosto pelos dramas patrióticos. Ia se formando até mesmo uma tradição de peças históricas, com autores como Agrário de Meneses, Rodrigues da Costa e Amaral

Tavares, sempre recebidas com aplausos e entusiasmo pelo público. *Gonzaga* punha o drama histórico num outro nível, muito mais elevado, e arrebatou uma platéia que incluía desde o presidente da província até estudantes e caixeiros. A cidade não teve outro jeito senão o de reconciliar-se, ainda que a contragosto, com o rapazola sem juízo e sua amante devassa. Esta, ao que parece, já havia entrado nas graças da família Castro Alves. De outra maneira, como explicar que, no palco, Eugênia usasse as jóias antigas da madrasta do poeta?

Antes mesmo de conhecer Eugênia, Antônio, como outros escritores do romantismo, já sentia fascínio pelo teatro. Nele, autor e público estavam mais próximos e viam melhor um ao outro. Gonçalves de Magalhães, Joaquim Manuel de Macedo, José de Alencar, Casimiro de Abreu e Álvares de Azevedo — para citar apenas alguns — escreveram ou tentaram escrever para o teatro. Mais do que qualquer um deles, Castro Alves era um homem do palco. Um ator nato. Sentia-se bem em cena e lhe compreendia as exigências. Teria certamente escrito outras peças além de *Gonzaga*, se a vida lhe tivesse dado tempo. Prova disso: logo após o êxito baiano de seu drama, Castro Alves começou um outro, *Don Juan ou a prole dos Saturnos*, do qual só se conhecem as cenas iniciais.

Don Juan parece que seria um drama ultra-romântico, com o seu toque de gótico. Os dois primeiros quadros, que nos ficaram, passam-se num velório e num cemitério. Um médico, que recebera de índios amazônicos o conhecimento de uma poção que simulava a morte em quem a ingeria, dá a poção a uma mulher casada que por ele se apaixonara e por quem estava caído de amores. O plano dos dois era fingir a morte da mulher, colocá-la no túmulo e, depois de passado o efeito da bebida, retirá-la de lá. Juntos, então, fugiriam para longe. É o que sucede no palco.

Ao que tudo indica, Castro Alves avançara mais na composição da peça, porém os originais, guardados numa caixa de chapéu, foram esquecidos no Rio de Janeiro. Perderam-se. Um rascunho deixado pelo poeta com indicações das cenas do terceiro quadro mostra o médico acompanhado de duas mulheres a quem igualmente ama: a que retirara do sepulcro e uma outra. Com cada uma delas tem um filho. O ambiente é de desvario, com ameaças, tentativa de assassinato e seqüestro das crianças. Tudo para deixar o público da época sem poder tirar os olhos arregalados do palco.

O entrecho de *Don Juan* nos faz indagar como devia ser a intriga de *Mazzacio*, um pequeno romance ou novela que Castro Alves teria, segundo seu amigo Regueira Costa, escrito no Recife e que, sem cópia, acabou se perdendo nas mãos de quem se interessara em publicá-lo. Devia ser ultra-romanticamente rocambolesca.

Nas semanas que se seguiram à primeira representação de *Gonzaga*, a Boa Vista era festa e entusiasmo. O poeta retomou o projeto de *Os escravos*. E voltou a dedicar-se a escrever A *cachoeira de Paulo Afonso*, que começara ainda no Recife. Estava contente: deixara até mesmo de queixar-se do peito, como se os sintomas da tuberculose tivessem sido um rebate falso, ou a doença houvesse regredido ou estacionado.

Como tantas vezes sucede, após a euforia veio, veloz, a tristeza. Ao olhar ao redor, Antônio deixou-se dominar pelo sentimento de suas perdas — a mãe, o irmão, o pai e a própria meninice. Não, não eram mais os lauréis o que queria, mas "as rosas da infância". Afastando de si o poeta público e eloqüente, escreveu então, em ritmo compassado, a elegia comovedora que é "A Boa Vista", na qual deixou fluir livremente o vocabulário da saudade:

Era uma tarde triste, mas límpida e suave...
Eu — pálido poeta — seguia triste e grave
A estrada, que conduz ao campo solitário,
Como um filho, que volta ao paternal sacrário,

[...]

A poeira da estrada meu passo levantava,
Porém minh'alma ardente no céu azul marchava
E os astros sacudia no vôo violento
— Poeira, que dormia no chão do firmamento.

A pávida andorinha, que o vendaval fustiga,
Procura os coruchéus da catedral antiga.
Eu — andorinha entregue aos vendavais do inverno,
Ia seguindo triste p'ra o velho lar paterno.

E, depois de descrever a alta torre da quinta, a ela se dirige:

Não! Minha velha torre! Oh! atalaia antiga,
Tu olhas esperando alguma face amiga,
E perguntas talvez ao vento, que em ti chora:
"Por que não volta mais o meu senhor d'outrora?
Por que não vem sentar-se no banco do terreiro
Ouvir das criancinhas o riso feiticeiro,
E pensando no lar, na ciência, nos pobres
Abrigar nesta sombra seus pensamentos nobres?

Onde estão as crianças — grupo alegre e risonho
— Que escondiam-se atrás do cipreste tristonho...

Ou que enforcaram rindo um feio Pulchinello,
Enquanto a doce Mãe, que é toda amor, desvelo
Ralha com um rir divino o grupo folgazão,
Que vem correndo alegre beijar-lhe a branca mão?..."

E, comovido, prossegue:

Oh! deixem-me chorar!... Meu lar... meu doce ninho!
Abre a vetusta grade ao filho teu mesquinho!
Passado — mar imenso!... inunda-me em fragrância!
Eu não quero lauréis, quero as rosas da infância.

[...]

Meu lar está deserto... Um velho cão de guarda
Veio saltando a custo roçar-me a testa parda,

Lamber-me após os dedos, porém a sós consigo
Rusgando com o direito, que tem um velho amigo...
Como tudo mudou-se!... O jardim 'stá inculto.
As roseiras morreram do vento ao rijo insulto...
A erva inunda a terra; o musgo trepa os muros
A urtiga silvestre enrola em nós impuros
Uma estátua caída, em cuja mão nevada
A aranha estende ao sol a teia delicada!...
Mergulho os pés nas plantas selvagens, espalmadas,
As borboletas fogem-me em lúcidas manadas...
E ouvindo-me as passadas tristonhas, taciturnas,
Os grilos, que cantavam, calaram-se nas furnas...

Oh! Jardim solitário! Relíquia do passado!
Minh'alma, como tu, é um parque arruinado!
Morreram-me no seio as rosas em fragrância,
Veste o pesar os muros dos meus vergéis da infância.

Após atravessar o jardim, ele chega, afinal, à soleira da casa:

Entremos!... Quantos ecos na vasta escadaria,
Nos longos corredores respondem-me à porfia!...

Oh! Casa de meus pais!... A um crânio já vazio,
Que o hóspede largando deixou calado e frio,
Compara-te o estrangeiro — caminhando indiscreto
Nestes salões imensos, que abriga o vasto teto.

Mas eu no teu vazio — vejo uma multidão.
Fala-me o teu silêncio — ouço-te a solidão!...
Povoam-se estas salas...

E eu vejo lentamente
No solo resvalarem falando tenuemente
Dest'alma e deste seio as sombras venerandas,
Fantasmas adorados — visões sutis e brandas...
Aqui... além... mais longe... por onde eu movo o passo,
Como aves, que espantadas arrojam-se ao espaço,
Saudades e lembranças s'erguendo — bando alado —
Roçam por mim as asas voando p'ra o passado.

Talvez em novembro de 1867, ao escrever esse poema em que descreve o casarão torreado de sua meninice e que se fecha com a bela imagem das saudades voando, como aves, de volta ao abrigo do passado, Antônio já tivesse tomado a decisão de se mudar para o sul, onde Eugênia, sem maiores horizontes em Salvador, continuaria a carreira teatral, e ele, o curso jurídico.

Tudo leva a crer que Castro Alves não tinha gosto nem vocação para o direito, mas necessitava de um diploma universitário para pôr-se na vida e até mesmo para honrar a memória paterna. Eram poucas, pouquíssimas as opções que se apresentavam aos jovens no Brasil daquela época. Como Antônio não tinha vocação para padre nem para militar, não se dava com as matemáticas e não se via a cuidar de doentes, só lhe restava acomodar-se ao direito.

13. No Rio de Janeiro

No início de fevereiro de 1868, Eugênia e Antônio embarcaram para o Rio de Janeiro, no navio francês *Picardie*. Antônio ia armado de duas cartas de apresentação do político baiano e amigo de seu pai Joaquim Jerônimo Fernandes da Cunha: uma ao conselheiro José Maria da Silva Paranhos (o futuro visconde de Rio Branco) e a outra a José de Alencar.

Antônio foi procurar o patriarca no retiro deste, no Alto da Tijuca. Alencar, o último representante daquela geração que criara literariamente o Brasil, ficou mais do que encantado com o jovem poeta: entusiasmou-se por ele. Passou a tarde a ouvi-lo ler cenas de *Gonzaga* e algumas poesias, entre as quais "A cascata de Paulo Afonso", que talvez fosse apenas o que posteriormente se conheceria, em *A cachoeira de Paulo Afonso*, como "O São Francisco" e "A cachoeira". Alencar escreveu, então, uma longa carta a Machado de Assis, a contar-lhe suas impressões do moço baiano e a pedir-lhe que o procurasse. A carta destinava-se não só a Machado de Assis, mas também ao público carioca, pois Alencar se apressou em publicá-la, em 22 de fevereiro, no *Correio Mercantil*.

O mesmo jornal estamparia, uma semana depois, sob o título "Um poeta", a resposta de Machado a Alencar. Machado revela que passara uma tarde a ouvir Castro Alves, "um poeta", escreve, "original", cheio "de vida e robustez". A conversa, num hotel do centro, deve ter sido um pouco penosa, o jovem provinciano a falar alto e cheio de entusiasmo, a exibir-se para um sujeito tímido, que mal gaguejava os seus comentários, mas era o crítico literário do momento. Não temos de Castro Alves uma descrição desse encontro; a de Machado é sumária: diz apenas que era Carnaval e que ouviu do rapaz *Gonzaga* e alguns poemas.

Nas cartas de Alencar e de Machado expressa-se o espanto dos dois mais importantes homens de letras do país frente ao enorme talento do poeta recém-chegado, e uma admiração verdadeira, e o desejo de fazer conhecida por todos a sua poesia.

Não havia melhor salvo-conduto para a Corte. Antônio foi prontamente recebido no meio literário, cujos integrantes, capitaneados pelo escritor luso-brasileiro Emílio Zaluar, lhe ofereceram um banquete. Conheceu o jornalista Quintino Bocaiúva, o poeta e jornalista Joaquim Serra, o poeta e romancista Rosendo Moniz, o poeta, político e diplomata Francisco Otaviano, o dramaturgo Pinheiro Guimarães, e deles se aproximou. Mas seu grande amigo no Rio seria Luís Cornélio dos Santos, de quem fora companheiro de república no Recife.

Castro Alves escolheu por ponto o *Diário do Rio de Janeiro*, cujas portas lhe haviam sido abertas pelo conselheiro Paranhos. E foi de suas sacadas que, em 4 de março, por ocasião das manifestações populares comemorando a queda de Humaitá, recitou um poema relativo ao feito: "Pesadelo de Humaitá".

O povo delirou, ao ver aquele belo rapaz, de longos

cabelos ondulados, vestido de negro, como para acentuar a palidez do rosto, a dizer versos patrióticos com uma voz alta e vibrante, uma voz que — como afirmaria mais tarde o seu amigo Rui Barbosa — o assemelhava aos deuses. Se seu enorme talento já era louvado nos meios intelectuais, nesse dia o poeta ganhou a cidade.

Entretanto, nem tudo corria bem. Malograra o projeto de encenar *Gonzaga* no Rio de Janeiro. Furtado Coelho recusara-se a apresentar a peça, apesar dos elogios de Alencar, de Machado e de outros escritores, para os quais, reunidos na redação do *Diário* e na presença de Paranhos, Castro Alves lera o drama. Tantos e tamanhos louvores garantiam a *Gonzaga* o êxito de bilheteria. Mas Furtado Coelho não arredou pé de sua recusa. É possível que o ator quisesse desforrar-se do poeta, que lhe roubara a principal atriz da companhia e o afastara da filha. Como quer que tenha sido, Castro Alves não lhe perdoou a petulância, e, um mês depois, já em São Paulo, em cartas a Luís Cornélio dos Santos, mostra-se exultante com os malogros da companhia do ator, e comenta, deliciado, as vaias de que ele não conseguira fugir em cena.

A essa frustração de não ver *Gonzaga* encenada no Rio de Janeiro, Antônio somava os atritos com a companheira, que se haviam tornado freqüentes. O poeta tinha fama de mulherengo e querido das moças, e a atriz se irritava quando uma jovem se demorava num sorriso para ele. Por sua vez, Eugênia construíra uma reputação de destruidora de corações, e não escondia a felicidade, quando cavalheiros a elogiavam, cortejavam e se inclinavam para servi-la. Retribuía-lhes com faceirice, o que deixava o amante fulo de ciúme. Seguiam-se recriminações mútuas, bate-bocas e reconciliações. Se os amuos e conflitos já vinham de Salvador (e talvez até mesmo do Recife), amiudaram-se no Rio de Janeiro.

A Corte era, contudo, apenas um porto de passagem.

O casal tinha por destino São Paulo, para onde Eugênia e Antônio seguiram em 12 de março. No mesmo navio, o *Santa Maria*, que rumava para Santos, ia um outro estudante, amigo e companheiro de lutas abolicionistas: Rui Barbosa, acompanhado de muitas caixas de livros. Também ele resolvera trocar a Faculdade de Direito do Recife pela da capital paulista.

14. São Paulo

Quando Eugênia e Antônio desembarcaram no Rio de Janeiro, ele era, para a imprensa, o poeta jovem e promissor que acompanhava a grande atriz. Ao chegar a São Paulo, a situação se alterara: a cidade recebia um grande poeta acompanhado por uma conhecida atriz. As cartas públicas de Alencar e de Machado eram responsáveis por isso. Tinham aguçado a curiosidade dos paulistanos.

Havia duas São Paulo.

Uma, menor e menos movimentada do que Salvador ou o Recife, pacata, bem-comportada, recatada e monótona, onde as pessoas iam dormir antes das nove horas da noite, e as mulheres passavam a maior parte do tempo trancadas em casa ou a espiar os transeuntes pelas rótulas. Essa, a cidade do comum dos habitantes, aquela que, duas décadas antes, recebera de outro poeta, Álvares de Azevedo, palavras acres a que não faltaram os exageros de um jovem que nela não encontrava remédio para o seu desajuste e a sua solidão: o lugar era insípido, tedioso, e nele a vida, "um bocejar infinito". Mais parecia "uma cidade de mortos".

No período entre Álvares de Azevedo e Castro Alves, a urbe havia enriquecido e crescido, graças sobretudo ao café. Na província, até a metade do século, as lavouras cafeeiras estavam concentradas na parte paulista do vale do Paraíba, uma extensão econômica da parte fluminense, e voltadas para a corte. Era para o Rio de Janeiro, e não para a capital paulista, que afluíam os seus ganhos, e era no Rio de Janeiro que os grandes proprietários rurais construíam suas moradas urbanas. Por volta de 1850, a situação começou a se modificar. Os cafezais se multiplicaram a noroeste e a oeste da cidade de São Paulo, primeiro em torno de Itu, depois de Campinas e Limeira, e os lucros da lavoura passaram a movimentar a vida paulistana.

A cidade crescera, mas continuava feia, com poucos sobrados, e habitada por gente em geral pouco dada ao convívio fora da família, de hábitos mesquinhos e visão tacanha. Tinha sobre Salvador uma vantagem: os viajantes estrangeiros gabavam a limpeza de suas ruas, muitas delas largas, planas e bem pavimentadas, embora as houvesse também estreitas e irregulares.

A outra São Paulo era a da faculdade de direito, a das arcadas do antigo convento de São Francisco, com seus estudantes estouvados, inventivos, boêmios, irreverentes e amigos das tavernas e das aventuras inesperadas e escandalosas. Mais de seiscentos rapazes, vindos de todos os pontos do país, rasgavam a rotina e interrompiam a sonolência de uma cidade que mal chegava aos 30 mil habitantes.

Na época de Álvares de Azevedo, e também, alguns anos mais tarde, no tempo de Fagundes Varela, o modelo e herói dos estudantes era Byron, e se cultivavam o tédio, ou melhor, o *spleen,* e o desvario. Os estudantes gastavam-se em orgias reais ou imaginárias, que ganhavam os ouvidos da rua como verdadeiras. E as repúblicas eram tidas como antros de perdição.

Na faculdade a que chegava Castro Alves, a atmosfera mudara, e o modelo e herói, também. Este passara a ser Victor Hugo. Se os alunos continuavam a escandalizar a São Paulo rotineira, outra razão havia: não paravam de fazer barulho pela abolição e pela República. E não só os estudantes, mas também os mestres. Entre estes contava-se um professor de alta inteligência e cultura, adorado pelos estudantes: José Bonifácio, o Moço. E, entre os rapazes, alguns mais do que prometiam, como Ferreira de Meneses, que, embora formado, continuava a conviver com os estudantes, Joaquim Nabuco, Rodrigues Alves, Carlos Ferreira, Afonso Pena, Salvador de Mendonça e Brasílio Machado. A eles se somara, naquele ano, Rui Barbosa.

Castro Alves logo conquistou as duas São Paulo. Apesar de considerar a cidade feia, com casas "que parecem feitas antes do mundo, tão pretas", e "ruas que parecem feitas depois do mundo — tanto são desertas", encantou-se por ela, e de tal forma que se inclinava a preferi-la ao Recife, talvez porque nela fora recebido com entusiasmo e festa. Nunca na Bahia, confessa numa carta, os seus versos haviam tido recepção igual — e note-se que na Bahia o levaram aos ombros, entre aplausos, e lhe puseram na testa a coroa de louros, com uma fita onde estava escrito: "Ao gênio". Talvez para um poeta fosse pouco...

Matriculou-se, em março, no terceiro ano de direito. Semanas depois, numa festa promovida no salão da Concórdia pelo *Arquivo Jurídico e Literário* — um sarau que, segundo o poeta, era "quase um baile" —, recitou "O livro e a América" para uma platéia que incluía, além de estudantes e professores, o que de mais representativo havia na cidade. Foi aplaudidíssimo, e dele exigiram mais. Disse então "As duas ilhas", e depois, "A visão dos mortos". Os três poemas seriam publicados, em seguida, na imprensa, com louvores. O elogio que mais o marcou, porém, foi, na própria noite da festa, o da mulher do cônsul inglês, que lhe dissera num português capenga: "Mim gostar muita da sua recitativa".

Essa senhora era Isabel Arundell Burton, pessoa ranzinza e parca em louvores. Infelizmente, porque saíra a viajar por Minas Gerais e pela Bahia, não estava também na sala o seu marido, o hoje famoso Richard Burton, aventureiro, poliglota, orientalista e escritor, além de tradutor para o inglês de *As mil noites e uma noite* e *Os lusíadas*. Ambos sentiam-se, em São Paulo e em Santos, onde o consulado tinha sede, como se estivessem no fim do mundo. E detestavam tudo. Ou quase tudo. Será que alguém sabia, em São Paulo, que aquele cônsul vivera sete anos no norte do subcontinente indiano e visitara, disfarçado de afegão, Medina e Meca, e andara a buscar as fontes do Nilo, e viajara extensamente pela África? Será que alguém pusera os olhos sobre os livros fascinantes que, sobre suas viagens e aventuras, escrevera aquele inglês feio, com uma grande cicatriz no rosto?

Alguns dias mais tarde, Castro Alves leu para outro auditório, bem mais restrito, o texto de *Gonzaga*. Novo êxito. Joaquim Nabuco, que, como estudante, estava presente, não esqueceu jamais a figura do poeta naquele momento, e dela teve e guardou, para o resto da vida, o seu tanto de inveja, por sua beleza, porte e voz. Esse tanto de inveja —, há quem diga que, mais do que inveja, ciúme ou despeito —, num rapaz apodado de "Quincas, o Belo" e que já então se revelava um grande orador, era o melhor elogio que Castro Alves podia dele receber.

O rapagão bonito e elegante que era Nabuco devia ver um rival no outro, o baiano também bonito e elegante, sempre vestido de negro e com gravatas de cores fortes, as mãos belas de bom trato, o bigode com as pontas cuidadosamente enroladas.

Antônio beirava o janota. E se considerava um rapaz formoso, como se pode ver nos auto-retratos que desenhou. Exigente no vestir, queria suas roupas bem talhadas. Numa carta de agosto de 1868 a Luís Cornélio dos Santos, por exemplo, ele se queixa dos "estúpidos" alfaiates paulistas e lhe pede que encomende trajes a um costureiro no Rio de Janeiro.

Apesar de competirem em talento, beleza, elegância e eloqüência, Castro Alves e Nabuco tornaram-se amigos — de convívio diário, durante quase um ano. E é Nabuco quem diz nunca ter visto o colega "dar um momento de atenção às realidades da vida, nem às ambições da mocidade". Castro Alves tinha, contudo, uma ambição, e grande: a de ser poeta. E escolhera uma realidade da vida, a escravidão, como objeto do seu combate, um combate no qual jamais esmoreceu. Não tinha cuidados era para as miudezas do dia-a-dia, nem fazia planos para o futuro que não fossem os de poeta.

São Paulo tinha tudo para ser hostil à pregação abolicionista. Era sobre o escravo que se fundava a expansão cafeeira, e a estabilidade do regime escravista era, no parecer geral, a condição básica para que continuasse rumo ao oeste a marcha das grandes plantações, que em alguns anos ganhariam as terras roxas do novo oeste paulista. Apesar disso, naquela noite da festa da Concórdia, o público aplaudiu com entusiasmo os versos de "A visão dos mortos", nos quais heróis brasileiros — Pedro Ivo, no seu cavalo negro, Tiradentes, José Bonifácio, Meneses Dória, Cipriano Siqueira — manifestam sua inconformidade com a escravidão:

"Aonde a terra que talhamos livre,
Aonde o povo que fizemos forte?
Nossas mortalhas o presente inunda
No sangue escravo, que nodoa o chão.

Os aplausos redobraram ao fim do poema, cuja última estrofe é uma crítica aberta aos que advogavam a emancipação paulatina:

"Oh! É preciso inda esperar cem anos...
Cem anos..." brada a legião da morte.
E longe, aos ecos nas quebradas trêmulas,
Sacode o grito soluçando — o norte.
Sobre os corcéis dos nevoeiros brancos
Pelo infinito a galopar lá vão...
Erguem-se as névoas como pó do espaço
Da lua pálida ao fatal clarão.

É possível que os aplausos tenham sido dados mais à voz, à beleza e à eloqüência do poeta do que às idéias que expressava. Os estudantes pensavam de um modo; a cidade, de outro. Aqueles eram em sua maioria abolicionistas; esta estava aferrada aos escravos. Quatro décadas mais tarde, Rui Barbosa relembraria a distância que separava a capital paulista dos jovens acadêmicos e da novidade da pregação abolicionista. "Só a petulância de um estudante com as suas provas sobejamente feitas de sujeito de pouco juízo", disse ele, defenderia, naqueles tempos, em São Paulo, a abolição da escravatura.

Era ali, no entanto, onde a escravidão, nas grandes plantações de café, dava mais lucro, que o bom combate tinha ainda mais alcance e sentido. Os rapazes — Castro Alves, Rui Barbosa, Nabuco e tantos outros — não descansavam da pregação abolicionista. E Castro Alves escrevia sem parar. Escrevia todos os dias, como se compor poemas fosse seu pão cotidiano.

Ao longo desses meses em São Paulo, de inspiração constante e trabalho intenso, continuou *Os escravos* e produziu alguns de seus mais altos e mais sentidos poemas, como, entre os de cunho político, "O vidente", "Vozes d'África" e "O navio negreiro", e, entre os líricos, "O laço de fita", "O 'adeus' de Teresa" e "Boa-noite".

Mas não se fechou em casa, apesar do frio de que se queixava. Vivia a tiritar, "embuçado no capote, e esganado no *cache-nez*". Ia de vez em quando à faculdade, mais para estar com os amigos que para assistir às aulas. E que belas conversas devia manter entre si aquele punhado de jovens de inteligência privilegiada! Rui falava, os outros escutavam, e Rodrigues Alves ou Salvador de Mendonça aparteavam. Castro Alves e Carlos Ferreira mostravam aos colegas os últimos versos, e o baiano os recitava.

Castro Alves — o testemunho é do poeta Carlos Ferreira — "nunca se fartava de recitar, e seria capaz, se o instassem, de passar a vida inteira declamando". E como declamava bem! Não havia quem se cansasse de ouvi-lo. Mas seus grandes momentos continuavam a ser no teatro, quando assomava à beira de um camarote para dizer os seus versos. "Sabia preparar a cena", continua Carlos Ferreira. "Para essas ocasiões, punha pó-de-arroz no rosto, a fim de acentuar mais a palidez, um pouco de carmim nos lábios e muito óleo nos grandes cabelos, que arremessava para trás da formosa cabeça." Fingia ser o que era: poeta.

Todo voltado para a poesia e para as atividades abolicionistas, escrevia nos jornais e participava de encontros políticos e tertúlias literárias. Quase não estudava, se é que estudava. Tinha, porém, na faculdade, professores que o admiravam, e fez-se amigo de um deles, o mais eminente: José Bonifácio. Bonifácio era também abolicionista, e mestre e aluno saíam muitas vezes à rua de braços dados.

De fora vinha o estímulo para o trabalho quase compulsivo a que se votou Castro Alves. Dos aplausos que recebia no palco. Como a ovação que o premiou, após recitar, no Teatro São João, a "Ode ao Dous de Julho", durante uma comemoração daquela data, na qual também atuaram Joaquim Nabuco e Rui Barbosa. Ou, dias depois, ao declamar, num ato político de protesto contra a queda do gabinete de Zacarias de Góes e Vasconcelos, o poema "Pedro Ivo".

Por discordâncias com o imperador, o presidente do conselho de ministros pedira demissão. D. Pedro II solicitou que lhe indicasse um sucessor. Como Zacarias se negasse, chamou o visconde de Itaboraí, do Partido Conservador, para formar governo. Ora, o Partido Progressista, de Zacarias — um novo partido composto por liberais e conservadores moderados —, havia ganhado as eleições um ano antes e tinha a maioria na Câmara dos Deputados. Convocar os conservadores para formar um novo gabinete equivalia a entregar o poder ao partido derrotado nas urnas e subverter, assim, os princípios da monarquia parlamentar e do governo representativo. A Câmara reagiu e, após vibrante discurso de José Bonifácio, os deputados votaram moção em que manifestavam surpresa e pesar pela decisão imperial e negavam confiança ao novo governo. D. Pedro II respondeu dissolvendo a Câmara e convocando eleições.

Não era a primeira vez que o imperador desfazia e refazia gabinetes. Mas, desta feita, a reação negativa foi enorme. Indignados, os estudantes da Faculdade de Direito de São Paulo responderam com energia. Nas páginas dos jornais. E em atos públicos contra a decisão imperial. Não só foi ela censurada, como se pôs em causa o próprio Poder Moderador, que permitia que d. Pedro II não apenas reinasse, mas também controlasse os governos, mediante a prerrogativa de dissolvê-los a seu critério. De resto, o imperador supervisionava a administração, e com constância e cuidado. O Poder Moderador, como estava sendo exercido, fazia do regime parlamentar uma farsa.

Na realidade, o Poder Moderador já surgira torto no Brasil. A Constituição de 1824 adotara a idéia, defendida pelo pensador francês Benjamin Constant, de um quarto poder, o Moderador, a ser exercido pelo rei, um poder neutro, que harmonizasse o Executivo, o Legislativo e o Judiciário e lhes corrigisse os abusos. Mas, ao adotar o conceito, hipertrofiou-o e dele se apartou, ao fazer do imperador não só titular daquele quarto poder, mas também o chefe do Executivo. A essência do pensamento de Constant ficava assim adulterada. Personificação do Poder Moderador, o imperador era inviolável, sagrado e, embora chefiasse o Poder Executivo, não era responsável pelos atos do governo. Cabia-lhe nomear e demitir os ministros de Estado, designar os senadores, que eram vitalícios, suspender os magistrados, perdoar e abrandar penas impostas a réus, conceder anistia, sancionar decretos da Assembléia, que podia convocar, adiar ou prorrogar, e dissolver a Câmara dos Deputados.

Castro Alves não costumava envolver-se na política partidária. Desta feita, porém, o fez, na imprensa e em ato público. É possível que por solidariedade aos colegas; ou num gesto de apego a Joaquim Nabuco, cujo pai, o senador José Tomás Nabuco de Araújo, era um dos líderes progressistas, e de admiração a José Bonifácio, que se havia oposto ao que se tinha como um golpe. Mas é possível, também, que tenha havido outras duas razões, e mais fortes.

A primeira ligava-se à questão servil: os progressistas estavam comprometidos com a Fala do Trono de 1867, na qual d. Pedro II pedira ao Parlamento que se ocupasse do problema da escravidão, e ainda mais com a de 1868, na qual se anunciava que, após um assíduo estudo, uma proposta sobre o assunto estava pronta para ser apresentada à Assembléia. A queda de Zacarias e a ascensão de Itaboraí, que se identificava com os escravocratas, representavam, assim, o desfazer de uma esperança. Isso ficou claro no discurso em que, no Senado, Nabuco de Araújo atacou tanto a legitimidade do ato imperial quanto a própria escravatura, "um fato autorizado por lei", mas "condenado pela lei divina [...] pela civilização [...] pelo mundo inteiro".

O segundo motivo pode ter sido este: Castro Alves percebeu que, naquele momento, começava a crise da monarquia e que a ocasião era propícia à propaganda republicana. Foi ao comício no grande salão da Concórdia, na tarde de 22 de julho, e ali, depois de ouvir Joaquim Nabuco e Ferreira de Meneses, disse, em louvor de um herói republicano do Nordeste, Pedro Ivo, para um público deslumbrado com sua eloqüência, alguns versos que não deixaram de ser ouvidos como uma ode à República:

> *República!...Vôo ousado*
> *Do homem feito condor!*
> *Raio de aurora inda oculta,*
> *Que beija a fronte ao Tabor.*

As manifestações políticas continuaram por algum tempo. E tiveram outro momento importante, num banquete de desagravo oferecido, em 13 de agosto, no Hotel de França, a José Bonifácio, "que dominava a Academia, com a sedução de sua palavra e de sua figura", como relembrou Joaquim Nabuco. Este foi um dos oradores — houve 32 discursos —, e falou três vezes. Outro foi Castro Alves.

Castro Alves no primeiro ano de faculdade, em 1865.
[MUSEU DA CIDADE, RIO DE JANEIRO]

Major José Antônio da Silva Castro, avô de Castro Alves.
[FACULDADE DE DIREITO DA UNIVERSIDADE DE SÃO PAULO]

Acima, Antônio José Alves, pai de Castro Alves. Ao lado, Clélia Brasília, mãe de Castro Alves; e desenho de Clélia feito pelo próprio Castro Alves.
[IN CASTRO ALVES: POESIA E BIOGRAFIA, PROJETO MEMÓRIA 1997/CORTESIA ODEBRECHT]

Rua do Hospício, onde moraram Castro Alves e seu irmão José Antônio.
[*IN CASTRO ALVES: POESIA E BIOGRAFIA*, PROJETO MEMÓRIA 1997/CORTESIA ODEBRECHT]

Augusto Alves Guimarães, grande amigo de Castro Alves, que viria a se casar com sua irmã Adelaide.
[EXPOSIÇÃO DO CENTENÁRIO DO NASCIMENTO DE CASTRO ALVES, RIO DE JANEIRO, INL, 1958]

Abaixo, José Antônio,
irmão de Castro Alves.
[IN CRONOLOGIA DE CASTRO ALVES,
NORLÂNDIO MEIRELLES DE ALMEIDA]

Ao lado, Adelaide de
Castro Alves Guimarães,
irmã de Castro Alves.
[EXPOSIÇÃO DO CENTENÁRIO DO NASCIMENTO
DE CASTRO ALVES, RIO DE JANEIRO, INL, 1958]

Acima, Amélia de Castro Alves
Ribeiro da Cunha, irmã mais nova
de Castro Alves.
[EXPOSIÇÃO DO CENTENÁRIO DO NASCIMENTO
DE CASTRO ALVES, RIO DE JANEIRO, INL, 1958]

Ao lado, Elisa Alves Guimarães,
a mais velha das irmãs de Castro Alves.
[MUSEU DA CIDADE, RIO DE JANEIRO]

Caderno de poesias do Ginásio Baiano, onde foram publicadas as primeiras poesias de Castro Alves, recitadas por ele mesmo nas festividades da escola.
[ARQUIVO NORLÂNDIO MEIRELLES DE ALMEIDA, SÃO PAULO]

Castro Alves, aos 16 anos.
[FACULDADE DE DIREITO DA UNIVERSIDADE DE SÃO PAULO]

Quinta da Boa Vista, onde Castro Alves passou o fim de sua infância.
[BIBLIOTECA DA ACADEMIA BRASILEIRA DE LETRAS]

Álvares de Azevedo,
gravura de M. J. Garnier, s/d.
[ACERVO ICONOGRAPHIA]

Casimiro de Abreu
[ACERVO ICONOGRAPHIA]

Leonídia Fraga
[EXPOSIÇÃO DO CENTENÁRIO DO NASCIMENTO
DE CASTRO ALVES, RIO DE JANEIRO, INL, 1958]

Ester Amzalack, uma das irmãs
judias com que Castro Alves
manteve um "namorico de janela".
[EXPOSIÇÃO DO CENTENÁRIO DO NASCIMENTO
DE CASTRO ALVES, RIO DE JANEIRO, INL, 1958]

Fagundes Varela,
litografia de Pereira Neto, s/d.
[ACERVO ICONOGRAPHIA]

Eugênia Câmara, o grande amor
da vida de Castro Alves.
[EXPOSIÇÃO DO CENTENÁRIO DO NASCIMENTO
DE CASTRO ALVES, RIO DE JANEIRO, INL, 1958]

Teatro Santa Isabel, à esquerda,
onde Castro Alves conheceu Eugênia.
[*IN CASTRO ALVES: POESIA E BIOGRAFIA*,
PROJETO MEMÓRIA 1997/ CORTESIA ODEBRECHT]

Teatro São João, onde foi encenada pela primeira vez a peça *Gonzaga*.
[*IN CASTRO ALVES: POESIA E BIOGRAFIA*, PROJETO MEMÓRIA 1997/ CORTESIA ODEBRECHT]

Anúncio da peça "Gonzaga" no jornal *O Ypiranga*.
[INSTITUTO HISTÓRICO E GEOGRÁFICO DE SÃO PAULO]

José de Alencar
[ACERVO ICONOGRAPHIA]

Machado de Assis
[ACERVO ICONOGRAPHIA]

Faculdade de Direito de São Paulo (1862).
[FOTO MILITÃO DE AZEVEDO/BIBLIOTECA MÁRIO DE ANDRADE]

Rui Barbosa (segundo da esquerda para a direita), junto com outros bacharéis de direito.
[FUNDAÇÃO CASA DE RUI BARBOSA]

Primeira página dos manuscritos originais de "O Navio Negreiro".
[INSTITUTO HISTÓRICO GEOGRÁFICO DA BAHIA, SALVADOR]

Rascunho original de "Vozes d'África".
[MUSEU DA CIDADE, RIO DE JANEIRO]

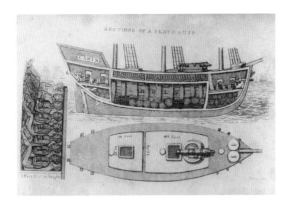

Seções de um navio negreiro. Robert Walsh, c. 1828.
[ACERVO ICONOGRAPHIA]

Porão de um navio negreiro.
Rugendas, c. 1822, litografia aquarelada.
[BIBLIOTECA MARIO DE ANDRADE]

A imagem que Castro Alves fazia da África não correspondia às regiões de onde vieram os escravos para o Brasil, mas, sim, à África do Norte, tão retratada pelo orientalismo francês, com seus desertos, camelos e beduínos. Nesta tela de Jean-Léon Gérôme (datada de 1857), vê-se, atravessando o Saara, um grupo de mercadores com escravos, mas só um deles é negro.
[COLEÇÃO PARTICULAR]

Maria Amália Lopes dos Anjos, uma das enfermeiras que cuidaram de Castro Alves em São Paulo e musa inspiradora do poema "O laço de fita".
[IN CRONOLOGIA DE CASTRO ALVES, NORLÂNDIO MEIRELLES DE ALMEIDA]

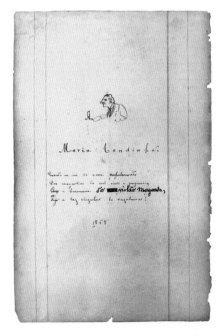

Manuscrito original do poema feito para Maria Cândida Garcez, que Castro Alves conheceu na casa do amigo Luís Cornélio, no Rio de Janeiro.
[IN CASTRO ALVES: POESIA E BIOGRAFIA, PROJETO MEMÓRIA 1997/CORTESIA ODEBRECHT]

Frontispício da primeira edição de A *Cachoeira de Paulo Afonso*.
[IN CASTRO ALVES: POESIA E BIOGRAFIA, PROJETO MEMÓRIA 1997/CORTESIA ODEBRECHT]

Vista de Curralinho em desenho do próprio Castro Alves.
[MUSEU DA CIDADE, RIO DE JANEIRO]

Solar do Sodré, casa da madrasta de Castro Alves, onde viria a falecer o poeta.
[FOTO MARIO CRAVO NETO/IN CASTRO ALVES: POESIA E BIOGRAFIA, PROJETO MEMÓRIA 1997/ CORTESIA ODEBRECHT]

Uma das últimas fotos de Castro Alves, feita em São Paulo, antes de seu trágico acidente com a espingarda.
[IN CASTRO ALVES: POESIA E BIOGRAFIA, PROJETO MEMÓRIA 1997/CORTESIA ODEBRECHT]

Embaixo, a assinatura do poeta.

15. "O navio negreiro"

A grande noite do poeta seria, porém, a de 7 de setembro de 1868, quando recitou, com voz vibrante e, mais do que nunca, arrebatado de emoção, "Tragédia no mar", que depois tomaria o nome de "O navio negreiro".

Não é difícil compreender por que esse poema, a exigir que cessasse um tráfico que já deixara de existir havia cerca de dezesseis anos, causou tamanho impacto, tamanha comoção e tantas lágrimas indignadas nos que o ouviram naquela noite. "O navio negreiro" não era, como tantas vezes se disse, um poema politicamente anacrônico. E não apenas porque aumentara o comércio de cabotagem de escravos — os barcos levando das províncias do norte para as províncias cafeeiras do sul os cativos que aquelas vendiam a estas —, mas porque o navio negreiro do poema de Castro Alves, com todos os seus horrores, era o Brasil, era a metáfora do Brasil escravocrata. Por isso emocionou os que o ouviram na voz do poeta — e nos emociona até hoje.

O poema foi escrito para ser recitado em voz alta. Do alto do palco e por um bom ator. Se possível, por um excelente ator, como era Castro Alves ao declamar os seus versos heróicos. Há vários registros de Castro Alves a dizer em teatro poemas de circunstância, como aqueles em que louvava atores, mas não a declamar da platéia ou do alto dos camarotes poesias líricas. Preferia recitá-las na intimidade dos amigos ou em pequenos saraus. Era como poeta político que ele gostava de falar às grandes platéias. E que ninguém censure esta expressão: poeta político. Castro Alves via-se como tal, desejoso de, com seus versos, mudar o país e a vida. Foi para isto, para atacar a escravidão, que escreveu "O navio negreiro", o mais perfeito de todos os seus poemas para voz alta.

É em voz alta que esse poema em seis movimentos, cada um deles a pedir uma inflexão diferente, trabalha em nós e nos comove e nos revolta. Mas é na leitura e nas releituras silenciosas e atentas que ele nos revela os seus segredos.

Começa com um *largo* quase solene, no qual o poeta, com a sonoridade das palavras, nos faz ver. Ouvindo, vemos. Castro Alves tinha o dom da visualidade. Era capaz de dar contornos, forma, cores e movimento até mesmo a puros fenômenos auditivos, como nestes versos admiráveis de "O hóspede":

Quando a fanfarra tocas na montanha,
A matilha dos ecos te acompanha
Ladrando pela ponta dos penedos.

Nos decassílabos da primeira parte de "O navio negreiro", alonga-se a maioria das vogais, a fim de que cada verso, lido mais lentamente, cresça, e nos dê do alto-mar o movimento:

'Stamos em pleno mar... Doudo no espaço
Brinca o luar — doirada borboleta —
E as vagas após ele correm... cansam
Como turba de infantes inquieta.

'Stamos em pleno mar... Do firmamento
Os astros saltam como espumas de ouro...
O mar em troca acende as ardentias
— Constelações do líquido tesouro...

'Stamos em pleno mar... Dois infinitos
Ali se estreitam num abraço insano
Azuis, dourados, plácidos, sublimes...
Qual dos dois é o céu? Qual o oceano?...

Entre céu e mar, o poeta vê correr, ao longe, uma embarcação:

'Stamos em pleno mar... Abrindo as velas
Ao quente arfar das virações marinhas,
Veleiro brigue corre à flor dos mares
Como roçam na vaga as andorinhas...

Donde vem?...Onde vai?... Das naus errantes
Quem sabe o rumo se é tão grande o espaço?
Neste Saara os corcéis o pó levantam,
Galopam, voam, mas não deixam traço.

Bem feliz quem ali pode nest'hora
Sentir deste painel a majestade!...
Embaixo — o mar... em cima — o firmamento...
E no mar e no céu — a imensidade!

> *Oh! que doce harmonia traz-me a brisa!*
> *Que música suave ao longe soa!*
> *Meu Deus! Como é sublime um canto ardente*
> *Pelas vagas sem fim boiando à toa!*

Nessas quadras iniciais já está inteiro o vigor verbal, o gosto pelas antíteses e a riqueza imagística do poeta. É todo beleza o mar imenso, no qual foge um veleiro com os seus marujos:

> *Homens do mar! Ó rudes marinheiros*
> *Tostados pelo sol dos quatro mundos!*
> *Crianças que a procela acalentara*
> *No berço destes pélagos profundos!*
>
> *Esperai! Esperai! deixai que eu beba*
> *Esta selvagem, livre poesia...*
> *Orquestra — é o mar que ruge pela proa,*
> *E o vento que nas cordas assobia...*
>
> *..*
>
> *Por que foges assim, barco ligeiro?*
> *Por que foges do pávido poeta?*
> *Oh! quem me dera acompanhar-te a esteira*
> *Que semelha no mar — doudo cometa!*
>
> *Albatroz! Albatroz! águia do oceano,*
> *Tu, que dormes das nuvens entre as gazas,*
> *Sacode as penas, Leviatã do espaço!*
> *Albatroz! Albatroz! dá-me estas asas...*

É dedicado aos marinheiros o segundo movimento, alegre e vivo. Suas décimas em redondilha maior dão-nos a impressão de uma canção popular:

Que importa do nauta o berço,
Donde é filho, qual seu lar?...
Ama a cadência do verso
Que lhe ensina o velho mar!
Cantai! que a noite é divina!
Resvala o brigue à bolina
Como um golfinho veloz.
Presa ao mastro da mezena
Saudosa bandeira acena
Às vagas que deixa após.

Do Espanhol as cantilenas
Requebradas de languor,
Lembram as moças morenas,
As andaluzas em flor.
Da Itália o filho indolente
Canta Veneza dormente
— Terra de amor e traição —
Ou do golfo no regaço
Relembra os versos do Tasso
Junto às lavas do Vulcão!

O Inglês — marinheiro frio,
Que ao nascer no mar se achou —
(Porque a Inglaterra é um navio,
Que Deus na Mancha ancorou),
Rijo entoa pátrias glórias,
Lembrando orgulhoso histórias
De Nelson e de Aboukir.
O Francês — predestinado —
Canta os louros do passado
E os loureiros do porvir...

> *Os marinheiros Helenos,*
> *Que a vaga iônia criou,*
> *Belos piratas morenos*
> *Do mar que Ulisses cortou,*
> *Homens que Fídias talhara,*
> *Vão cantando em noite clara*
> *Versos que Homero gemeu...*
> *...Nautas de todas as plagas!*
> *Vós sabeis achar nas vagas*
> *As melodias do céu...*

Se "O navio negreiro" tivesse sido escrito atualmente, diríamos que Castro Alves utilizou, no curto terceiro movimento, técnica cinematográfica: a câmara, funcionando como o olhar do espectador, começou a baixar lá do alto, de onde se via o barco pequenino, e a dele se aproximar, até chegar às personagens no convés. Ou se poderia imaginar, de uma perspectiva ainda mais moderna, que o poeta empregou um zoom. É o albatroz, que Castro Alves invocara no fim do primeiro movimento, que faz o papel da câmara:

> *Desce do espaço imenso, ó águia do oceano!*
> *Desce mais, inda mais... não pode o olhar humano*
> *Como o teu mergulhar no brigue voador.*
> *Mas que vejo eu ali... que quadro de amarguras!*
> *É canto funeral!... Que tétricas figuras!...*
> *Que cena infame e vil!... Meu Deus! Meu Deus! Que horror!*

Não faltará quem diga que há excesso de ênfase nessa passagem. Num poema que é um longo monólogo teatral, em que Castro Alves faria sacrifícios à retórica, ao sentimentalismo e até ao mau gosto, se isso julgasse necessário, para estabelecer uma comunicação imediata e intensa com a audiência — e comovê-la, e convencê-la, para convertê-la —, essas interjeições funcionam admiravelmente: criam a expectativa adequada ao que se pode considerar a cena principal do poema, o seu núcleo, e armam o grande contraste entre, de um lado, a beleza do mar e a vida aventurosa dos marinheiros e, de outro, o que se passa no convés daquele navio cujas velas o poeta persegue. E o que nele se passa é em si uma contradição: o que traduz festa e alegria — a dança —, é ali castigo e sofrimento.

Não há palavra que não esteja carregada de dor e angústia, neste adágio que forma a quarta parte do poema:

Era um sonho dantesco... O tombadilho
Que das luzernas avermelha o brilho,
    Em sangue a se banhar.
Tinir de ferros... estalar do açoite...
Legiões de homens negros como a noite,
    Horrendos a dançar...

Negras mulheres, suspendendo às tetas
Magras crianças, cujas bocas pretas
    Rega o sangue das mães:
Outras, moças... mas nuas, espantadas,
No turbilhão de espectros arrastadas,
    Em ânsia e mágoa vãs.

E ri-se a orquestra, irônica, estridente...
E da ronda fantástica a serpente
    Faz doudas espirais...
Se o velho arqueja... se no chão resvala,
Ouvem-se gritos... o chicote estala.
    E voam mais e mais...

Presa nos elos de uma só cadeia,
A multidão faminta cambaleia,
   E chora e dança ali!

....

Um de raiva delira, outro enlouquece...
Outro, que de martírios embrutece,
   Cantando, geme e ri!

No entanto o capitão manda a manobra
E após, fitando o céu que se desdobra
   Tão puro sobre o mar,
Diz do fumo entre os densos nevoeiros:
"Vibrai rijo o chicote, marinheiros!
   Fazei-os mais dançar!..."

E ri-se a orquestra irônica, estridente...
E da roda fantástica a serpente
   Faz doudas espirais!
Qual num sonho dantesco as sombras voam...
Gritos, ais, maldições, preces ressoam!
   E ri-se Satanás!...

Essa passagem tem sido considerada como um débito de Castro Alves para com vários poemas, como "Les nègres et les marionnettes", de Pierre-Jean de Béranger, "The slave ship", de John Greenleaf Whittier, e, com mais insistência, "Das Sklavenschiff", de Heinrich Heine, poeta que Antônio leu, releu e amou nas traduções francesas.

É possível que o trabalho do alemão tenha sido a fonte do brasileiro. Mas foi só isso. Ao escrever o seu poema, Castro Alves talvez se tenha lembrado daquele de Heine, mas criou a sua cena, a sua própria cena, dolorosa e dramática, de escravos a dançar no tombadilho, a poder de chicote. Heine justifica a dança: era por motivo higiênico. Em Castro Alves, a cena surge sem explicação expressa, porque desnecessária. Era uma prática conhecida nos navios negreiros levar os escravos para o convés para tomar ar e fazer exercícios, que às vezes se davam com acompanhamento musical e na forma de dança.

No poema do alemão, o sobrecarga do navio negreiro, preocupadíssimo com as mortes diárias de escravos, consulta o médico de bordo sobre o que fazer, e este aconselha — como remédio contra o encerro, a inação e o banzo ou melancolia — que os levem para o convés e os façam dançar:

> *Música! Música! A negrada*
> *Suba logo para o convés!*
> *Por gosto ou ao som da chibata,*
> *Batucará no bate-pés.*

Não há em Heine paixão indignada, como em Castro Alves. Nem transbordante piedade. Nem horror. Tudo é contido, de um realismo duro, cortante, quase sarcástico. De um humor amargo, mas não menos efetivo em sua crítica da escravidão. Heine narra a cena sem nela se envolver, distante. Castro Alves desce ao convés, e o que vê o fere e desespera. É essa chaga que se abriu em seu peito o que ele quer transferir para o coração dos que o ouvem.

No fim de seu poema, Heine faz o sobrecarga recorrer a Deus:

> *Meu Deus, conserva os meus negros.*
> *Poupa-lhes a vida, sem mais!*
> *Pecaram, Senhor, mas considera*
> *Que afinal não passam de animais.*

> *Poupa-lhes a vida, pensa no teu Filho,*
> *Ele por todos nós sacrificou-se!*
> *Pois, se não me sobrarem trezentas peças,*
> *Meu rico negocinho acabou-se.*

A invocação que se contém nesses versos (traduzidos, como os anteriores, por Augusto Meyer) recorda as promessas que faziam os traficantes negreiros da Bahia para que os seus navios fizessem boa viagem e chegassem com a carga em boas condições. Convencidos de que comprar e vender africanos não era pecado — havia até quem o considerasse um ato pio, pois os retiravam do paganismo e os traziam para a verdadeira fé —, não só encomendavam missas de ação de graças, mas mandavam pintar ex-votos com as mãos de Deus ou a imagem do santo de sua devoção a protegerem o barco dos temporais, da varíola e dos cruzadores ingleses.

No poema de Castro Alves, não é o capitão quem, no quinto movimento, se dirige a Deus, mas o poeta, e noutro tom, dramático, com uma pergunta em que está implícita uma acusação:

> *Senhor Deus dos desgraçados!*
> *Dizei-me vós, Senhor Deus!*
> *Se é loucura... se é verdade*
> *Tanto horror perante os céus...*
> *Ó mar! por que não apagas*
> *Co'a esponja de tuas vagas*
> *De teu manto este borrão?...*
> *Astros! noite! tempestades!*
> *Rolai das imensidades!*
> *Varrei os mares, tufão!...*

Após fazer nova pergunta — quem eram aqueles homens e mulheres diante de cuja desgraça não havia senão indiferença, quando não cumplicidade —, o poeta os descreve e as terras de onde vinham. O verso continua a ser a redondilha maior, mas o ritmo parece andar mais rápido que durante a imprecação, como se fosse, dito por um cantador, um romance popular:

Quem são estes desgraçados,
Que não encontram em vós
Mais que o rir calmo da turba
Que excita a fúria do algoz?
Quem são?... Se a estrela se cala,
Se a vaga à pressa resvala
Como um cúmplice fugaz,
Perante a noite confusa...
Dize-o tu, severa Musa,
Musa libérrima, audaz!

São os filhos do deserto
Onde a terra esposa a luz.
Onde voa em campo aberto
A tribo dos homens nus...
São os guerreiros ousados,
Que com os tigres mosqueados
Combatem na solidão...
Homens simples, fortes, bravos...
Hoje míseros escravos
Sem ar, sem luz, sem razão...

São mulheres desgraçadas
Como Agar o foi também,
Que sedentas, alquebradas,
De longe... bem longe vêm...
Trazendo com tíbios passos,
Filhos e algemas nos braços,
N'alma — lágrimas e fel.
Como Agar sofrendo tanto
Que nem o leite do pranto
Têm que dar para Ismael...

Lá nas areias infindas
Das palmeiras no país,
Nasceram — crianças lindas,
Viveram — moças gentis...
Passa um dia a caravana
Quando a virgem na cabana
Cisma da noite nos véus...
...Adeus! ó choça do monte!...
...Adeus! palmeiras da fonte!...
...Adeus! amores... adeus!...

Depois o areal extenso...
Depois o oceano de pó...
Depois no horizonte imenso
Desertos... desertos só...
E a fome, o cansaço, a sede...
Ai! quanto infeliz que cede,
E cai p'ra não mais s'erguer!...
Vaga um lugar na cadeia,
Mas o chacal sobre a areia
Acha um corpo que roer...

Ontem a Serra Leoa,
A guerra, a caça ao leão,
O sono dormido à toa
Sob as tendas d'amplidão...
Hoje... o porão negro, fundo,
Infecto, apertado, imundo,
Tendo a peste por jaguar...
E o sono sempre cortado
Pelo arranco de um finado,
E o baque de um corpo ao mar...

Ontem plena liberdade,
A vontade por poder...
Hoje... cum'lo de maldade,
Nem são livres p'ra... morrer...
Prende-os a mesma corrente
— Férrea, lúgubre serpente —
Nas roscas da escravidão.
E assim roubados à morte,
Dança a lúgubre coorte
Ao som do açoite... Irrisão!...

Senhor Deus dos desgraçados!
Dizei-me vós, Senhor Deus!
Se eu deliro... ou se é verdade
Tanto horror perante os céus...
Ó mar, por que não apagas
Co'a esponja de tuas vagas
De teu manto este borrão?...
Astros! noite! tempestades!
Rolai das imensidades!
Varrei os mares, tufão!...

No sexto e último movimento, depois de novamente invocar a Deus, o poeta faz a si mesmo, a olhar o veleiro, e aos que o ouviam, uma terceira pergunta, respondida, em andante, com uma das mais belas antíteses de um poema que se assenta em antíteses, contrastes, oposições:

> *Meu Deus! meu Deus! mas que bandeira é esta,*
> *Que impudente na gávea tripudia?!...*
> *Silêncio!... Musa! chora, chora tanto*
> *Que o pavilhão se lave no teu pranto...*
>
> *Auriverde pendão de minha terra,*
> *Que a brisa do Brasil beija e balança,*
> *Estandarte que a luz do sol encerra,*
> *E as promessas divinas da esperança...*
> *Tu, que da liberdade após a guerra,*
> *Foste hasteado dos heróis na lança,*
> *Antes te houvessem roto na batalha,*
> *Que servires a um povo de mortalha!...*

E parte para a peroração final, a encher a alma dos ouvintes e a chamar os aplausos:

> *Fatalidade atroz que a mente esmaga!*
> *Extingue nesta hora o brigue imundo*
> *O trilho que Colombo abriu na vaga,*
> *Como um íris no pélago profundo!...*
> *...Mas é infâmia de mais... Da etérea plaga*
> *Levantai-vos, heróis do Novo Mundo...*
> *Andrada! arranca este pendão dos ares!*
> *Colombo! fecha a porta dos teus mares!*

A madrasta de Antônio, d. Maria, numa das salas do solar do Sodré, com certeza leu esse poema. Mas é possível que só vários meses depois de ter sido composto. Porque Castro Alves, provavelmente para não magoá-la nem fazer que outros recordassem e comentassem o seu passado, não se apressou, ao que parece, em estampá-lo nos jornais baianos. E não consta que, após o seu regresso a Salvador, o tenha ali declamado em público.

Distantes estavam os dias de envolvimento de d. Maria com o tráfico de escravos, dias que ela talvez não quisesse lembrar e esperava fossem pelos outros esquecidos.

Não demorara a mudar, após 1850, a posição social do traficante de escravos na Bahia. De membro que a comunidade prezava e prestigiava, e que podia até, se fizesse fortuna e tivesse sorte, ser nobilitado pelo rei de Portugal ou pelo imperador, passara a contrabandista, a fora-da-lei. Muitos dos que freqüentavam as melhores casas foram, por serem portugueses, expulsos do país. E os outros rezavam para que se apagasse da memória dos contemporâneos que tinham sido, algum dia, mercadores de escravos. D. Maria desejava que a vissem como viúva do grande médico dr. Antônio José Alves, e que se lembrassem de seu primeiro marido, Francisco Lopes Guimarães, como um comerciante sério e probo.

Mulher inteligente e aplicada em manter as rendas e o status da família, não lhe deve ter escapado, contudo, a ironia de que fora em parte com os ganhos de navios negreiros que se custeara o abolicionismo de seu enteado predileto. Como se ele lhe expiasse o pecado.

16. Histórias de escravos

Não necessitava Castro Alves de recorrer a Heine para descrever uma ou mais cenas passadas num navio negreiro. Bastava-lhe ganhar a confiança de um escravo africano e pedir-lhe que lhe contasse suas experiências durante a travessia do Atlântico. Mas aquele Castro Alves que nos fez este convite, em "Tragédia no lar" —

> *Leitor, se não tens desprezo*
> *De vir descer às senzalas,*
> *Trocar tapetes e salas,*
> *Por um alcouce cruel,*
>
> *Vem comigo, mas... cuidado...*
> *Que o teu vestido bordado*
> *Não fique no chão manchado,*
> *No chão do imundo bordel.* —,

ao visitar, já rapaz, os aposentos dos escravos, deles saiu com pressa, revoltado, a trocar apenas as palavras essenciais com os seus moradores. Menino, entrou algumas vezes nas senzalas de Cabaceiras e da Boa Vista, mas essas seriam provavelmente melhores, mais limpas e mais arejadas que as das outras fazendas e chácaras, pois o dr. Alves era, além de homem bom, um médico preocupado com a higiene e a saúde pública. De sua ama Leopoldina e de sinhá Janinha, ouviu histórias de senzala, mas não as deve ter colhido ele próprio, pois a intimidade das moradas dos negros estava quase sempre fechada ao branco. Soube, por exemplo — e isto nos contou em "A canção do africano" —, o que cabia num olhar rápido: que os casais viviam em cubatas separadas, e que nelas havia, à maneira de Angola, sempre aceso um fogo ou um braseiro.

Na infância, Antônio deve ter tido escravos como companheiros de folguedos, mas esses, também meninos, pouco teriam para contar-lhe. Adulto, não há na sua poesia indícios de que tenha algum dia se demorado a conversar com um escravo africano, nem mesmo com um crioulo, isto é, um negro nascido e criado no Brasil, sobre a sua história e a sua condição. Os exemplos que figuram em seus versos, de maus-tratos, humilhações e perversidades sofridos pelos escravos, e de ternura, devotamento familiar, heroísmo e revolta da parte deles, pertencem todos ao repertório de histórias que alimentavam a pregação abolicionista.

Ele soube, contudo, valorizar como nenhum outro essas histórias e as que se repetiam nos salões e corriam, com o sinal contrário, nas cozinhas e senzalas, sobre suicídios de escravos, infanticídios, fugas de cativos, rebeliões, assassinatos de feitores e senhores, bandidos negros que atacavam as fazendas e vingavam-se das crueldades que eles e os seus tinham padecido — sobre a guerra aberta, portanto, e também sobre outra, velada, que os escravos promoviam contra aqueles que se diziam seus donos. Castro Alves cantou essa violência, que considerava bendita, e louvou como justo o uso da força pelo oprimido. Celebrou também Palmares, talvez a recordar-se do que sobre a vida nos quilombos lhe contaram, na infância, Leopoldina e sinhá Janinha.

Versos como estes, de "Bandido negro", considerados como incitação ao crime, porque louvavam os grupos de africanos e crioulos que, armas nas mãos, atacavam as fazendas, deviam enfurecer os escravocratas:

> *Trema a terra de susto aterrada...*
> *Minha égua veloz, desgrenhada,*
> *Negra, escura nas lapas voou.*
> *Trema o céu... ó ruína! ó desgraça!*
> *Porque o negro bandido é quem passa,*
> *Porque o negro bandido bradou:*
>
> *Cai, orvalho de sangue do escravo,*
> *Cai, orvalho, na face do algoz.*
> *Cresce, cresce, seara vermelha,*
> *Cresce, cresce, vingança feroz.*

[...]

> *E o senhor que na festa descansa*
> *Pare o braço que a taça alevanta,*
> *Coroada de flores azuis.*
> *E murmure, julgando-se em sonhos:*
> *"Que demônios são estes medonhos,*
> *Que lá passam famintos e nus?"*

[...]

Somos nós, meu senhor, mas não tremas,
Nós quebramos as nossas algemas
P'ra pedir-te as esposas ou mães.
Este é o filho do ancião que mataste.
Este — irmão da mulher que manchaste...
Oh! não tremas, senhor, são teus cães.

[...]

São teus cães, que têm frio e têm fome,
Que há dez sec'los a sede consome...
Quero um vasto banquete feroz...
Venha o manto que os ombros nos cubra.
Para vós fez-se a púrpura rubra.
Fez-se o manto de sangue p'ra nós.

[...]

Meus leões africanos, alerta!
Vela a noite... a campina é deserta.
Quando a lua esconder seu clarão
Seja o bramo da vida arrancado
No banquete da morte lançado
Junto ao corvo, seu lúgubre irmão.

[...]

Trema o vale, o rochedo escarpado,
Trema o céu de trovões carregado,
Ao passar da rajada de heróis,
Que nas éguas fatais desgrenhadas
Vão brandindo essas brancas espadas,
Que se amolam nas campas de avós.

Cai, orvalho de sangue do escravo,
Cai, orvalho, na face do algoz.
Cresce, cresce, seara vermelha,
Cresce, cresce, vingança feroz.

Era preciso muita coragem para dizer e escrever o que dizia e escrevia Castro Alves, numa sociedade que tinha por base a exploração do escravo e, por isso mesmo, o temia. Ainda havia muitos que, em Salvador, guardavam lembranças da rebelião dos malês em 1835, e sobre todos pairava a ameaça de que se repetisse, no Brasil, o Haiti. Ainda continuavam bem vivos o espanto e o terror que tomaram, em toda a América, havia cerca de meio século, os senhores de escravos, diante das notícias da revolução levada a cabo na ilha caribenha, a partir de 22 de agosto de 1791, pelos escravos, ex-escravos e negros livres, durante a qual foram mortos todos os brancos que não lograram fugir.

Apesar disso, ou por causa disso, Castro Alves não hesitava em fazer a apologia da desforra do escravo. Em poemas como "Bandido negro", desafiava os seus contemporâneos, cujos valores subvertia, ao mostrar como herói o escravo vingador.

O espantoso é que o poeta nunca foi objeto de agressão por parte daqueles de quem era, com dureza, mais que adverso, e a quem indicava como alvos legítimos da vindita dos escravos. Em nenhum momento os seus versos foram censurados, nem foi ele impedido de recitá-los. Jamais o importunou a polícia. No reinado de d. Pedro II, os abolicionistas e os republicanos faziam, sem qualquer impedimento, propaganda aberta de suas idéias. Havia ampla liberdade de expressão, e só se reprimiam as agitações de rua.

17. As imagens da África

Não é de surpreender que Castro Alves não tenha tido contato maior com escravos. É certo que os africanos estavam em todos os lugares, e alguns deles, junto aos senhores na maior parte do dia. Mas os mundos de uns e de outros eram distintos e quase sempre contrários, ainda que corressem colados.

Nas passagens, impostas pelas relações de trabalho, da senzala para o espaço do senhor, um crioulo andava com mais facilidade de um lado para outro do que o negro trazido já rapazola ou adulto da África. Um escravo doméstico podia incorporar-se ao universo dos brancos e até a ele aderir, porém só em casos excepcionalíssimos, e com muita habilidade e perseverança, um homem branco penetrava no mundo dos escravos, sobretudo se africanos. Não era infreqüente que uma mucama ouvisse as confidências de sua sinhazinha, mas seria raro que esta tivesse paciência e interesse em dar atenção às da escrava, que, por sua vez, dificilmente teria o atrevimento de fazê-las ou confiaria na discrição da ama.

Os escravos africanos viam o branco, o mulato e até, muitas vezes, o crioulo embranquecido ou amulatado culturalmente como o inimigo, e era natural que reagissem, por desconfiar da curiosidade do opressor, às questões que este lhes punha. Não consta, aliás, que essa curiosidade tenha sido grande. Até entre os abolicionistas, não parece ter havido maior interesse pelo passado do escravo, pelo que ele fora antes do cativeiro, e tampouco pelo lugar da África onde nascera. Era visto como um selvagem, um bárbaro, sem cultura e sem passado articulado. Não era, por isso, objeto de estudo. Houve, é verdade, uns poucos que trocaram idéias com africanos ou ouviram as suas histórias. O velho José Bonifácio de Andrada e Silva, por exemplo, e estrangeiros, como Maria Graham. Mas foram exceções. E mais raros ainda, raríssimos, foram aqueles, como o próprio José Bonifácio, Antônio da Costa Peixoto, Luís Antônio de Oliveira Mendes e Francis de Castelnau, que, de lápis e papel nas mãos, se sentaram ao lado do escravo e anotaram o que ele lhes disse sobre os acidentes geográficos do interior da África, o vocabulário de sua língua materna, a história de um reino africano ou o enredo de sua vida. Mesmo depois de abolida a escravidão, Nina Rodrigues, Manuel Querino e João do Rio, a recolherem, na Bahia e no Rio de Janeiro, o que podiam dos africanos e seus descendentes, ainda foram casos isolados.

Se algum dia conversou por mais tempo com um escravo, Castro Alves, por pudor, prudência ou receio de parecer bisbilhoteiro, não lhe pôs perguntas sobre o passado. Nem sobre sua vida e seus valores, que provavelmente teria dificuldade de entender. Bastava-lhe saber que os negros sofriam violência e degradação. Se tivesse ouvido um escravo falar de sua terra natal, ou do que dela contaram seus pais, certamente não teria descrito a África sem qualquer amparo na realidade, a repetir as imagens tiradas do orientalismo romântico francês e a estender para o sul do Saara as paisagens do deserto.

Já em "A canção do africano", isso se anuncia, como se pode notar pelas palavras que vão aqui em destaque:

*"Minha terra é lá bem longe,
Das bandas de onde o sol vem;*
[...]

"O sol faz lá tudo em fogo,
Faz em brasa toda a areia;
[...]

*"Aquelas terras tão grandes,
Tão compridas como o mar,
Com suas poucas palmeiras
Dão vontade de pensar...*

Essa paisagem de sol e areias ardentes e de poucas palmeiras podia ser, é bem verdade, a que relembrava um hauçá, um canúri ou um fula, que fossem originários da parte mais ao norte das vastas regiões em que vivem, daquelas áreas em que as savanas sudanesas se vão desmanchando pouco a pouco nas estepes ressequidas do Sael, a praia do deserto. Um cenário de semi-aridez não faltaria, durante os longos períodos de estiagem, por exemplo, a certas áreas ao norte dos rios Níger e Benué ou dos planaltos de Angola. Mas a paisagem em que insiste Castro Alves é outra: é a do deserto, como se todos os escravos viessem do Saara ou de suas franjas. No próprio "O navio negreiro", depois de perguntar-se quem eram aqueles desgraçados, responde que eram "os filhos do deserto", nascidos "nas areias infindas" e que, capturados, haviam sido levados pelas caravanas por um "areal extenso", um "oceano de pó".

Alguém poderia argumentar que Castro Alves empregou, nesse poema, a palavra "deserto", como tantas vezes em outras partes de sua obra, na acepção de região desabitada, erma. O vínculo que na quadra se estabelece com as expressões "areal extenso" e "oceano de pó" indica, no entanto, que se referia a vastidões áridas como o Saara.

Essa percepção equivocada da África de onde foram trazidos os escravos negros para o Brasil não afeta a sinceridade e a força das palavras de denúncia, que queimam no quinto movimento de "O navio negreiro", nem a grandeza monumental daquele poema que geralmente é citado em sua companhia, como se fosse a outra aba do retábulo: "Vozes d'África".

A África que nos fala, nesse poema, é uma África dramática, desolada, desesperada, mas que pouco tem a ver com as terras de onde foram arrancados os escravos que penavam no Brasil. Ela só seria reconhecida como sua por algum sanhaja, tuaregue, tubu ou zagaua que tivesse sido levado, cativo, do deserto para um porto do Atlântico e de lá embarcado para o Brasil. Se isso sucedeu com algum deles, foi só com este ou com um, dois ou meia dúzia mais. E não ficou em nossa memória.

A África de Castro Alves era uma ampliação, para todo o continente, da África do Norte. Do Egito. Da Líbia. Da Argélia, ocupada pelos franceses desde 1830. Da África de Delacroix e Victor Hugo. Da África do orientalismo, da literatura romântica e do imperialismo francês. Talvez por isso mesmo, porque no continente via sobretudo o deserto saariano, tenha sido possível a Castro Alves transformar o que de início, nos rascunhos, era um poema sobre a tragédia do povo judeu em outro, igualmente trágico, a que chamou "Vozes d'África".

Eis a sua África e o que ela nos diz:

Deus! ó Deus! onde estás que não respondes?
Em que mundo, em qu'estrela tu t'escondes
   Embuçado nos céus?
Há dois mil anos te mandei meu grito,
Que embalde desde então corre o infinito...
   Onde estás, Senhor Deus?...

Qual Prometeu tu me amarraste um dia
Do deserto na rubra penedia
   — Infinito: galé!...
Por abutre — me deste o sol candente,
E a terra de Suez — foi a corrente
   Que me ligaste ao pé...

O cavalo estafado do Beduíno
Sob a vergasta tomba ressupino
   E morre no areal.
Minha garupa sangra, a dor poreja,
Quando o chicote do simoun dardeja
   O teu braço eternal.

Vejam bem: ele convoca o simum, que sopra do Saara para o Norte da África, e não, o harmatã, que bafeja do deserto para o sudoeste e era o vento a que estavam acostumados muitos dos escravos africanos no Brasil. A redução da África, no espírito de Castro Alves, à parte do continente que começa no Mediterrâneo e vai até as praias meridionais do Saara (como mostram as palavras que, nas estrofes já citadas e nas que seguem, foram postas em destaque), torna-se ainda mais nítida, quando a faz, ao comparar-se à Ásia e a Europa, assim falar-nos:

Minhas irmãs são belas, são ditosas...
Dorme a Ásia nas sombras voluptuosas
 Dos haréns do Sultão.
Ou no dorso dos brancos elefantes
Embala-se coberta de brilhantes
 Nas plagas do Hindustão.

Por tenda tem os cimos do Himalaia...
O Ganges amoroso beija a praia
 Coberta de corais...
A brisa de Misora o céu inflama;
E ela dorme nos templos do Deus Brama,
 — Pagodes colossais...

A Europa é sempre Europa, a gloriosa!...
A mulher deslumbrante e caprichosa,
 Rainha e cortesã.
Artista — corta o mármor de Carrara;
Poetisa — tange os hinos de Ferrara,
 No glorioso afã!...

Sempre a láurea lhe cabe no litígio...
Ora uma c'roa, ora o barrete frígio
 Enflora-lhe a cerviz.
O Universo após ela — doudo amante —
Segue cativo o passo delirante
 Da grande meretriz.

....

Mas eu, Senhor!... Eu triste abandonada
Em meio das areias esgarrada,
    Perdida marcho em vão!
Se choro... bebe o pranto a areia ardente;
Talvez... p'ra que meu pranto, ó Deus clemente!
    Não descubras no chão...

E nem tenho uma sombra de floresta...
Para cobrir-me nem um templo resta
    No solo abrasador...
Quando subo às Pirâmides do Egito
Embalde aos quatro céus chorando grito:
    "Abriga-me, Senhor!..."

Como o profeta em cinza a fronte envolve,
Velo a cabeça no areal que volve
    O siroco feroz...
Quando eu passo no Saara amortalhada...
Ai! dizem: "Lá vai África embuçada
    No seu branco albornoz..."

Nem vêem que o deserto é meu sudário,
Que o silêncio campeia solitário
    Por sobre o peito meu.
Lá no solo onde o cardo apenas medra
Boceja a Esfinge colossal de pedra
    Fitando o morno céu.

De Tebas nas colunas derrocadas
As cegonhas espiam debruçadas
 O horizonte sem fim...
Onde branqueja a caravana *errante,*
E o camelo monótono, arquejante
 Que desce de Efraim...

Aí está uma África que, apesar da extraordinária beleza visual dessa passagem (sobretudo nos últimos seis versos), desconhece a si própria, ao lamentar não ter uma única sombra de floresta, quando possui a imensa bacia do Congo, e o Gabão, e as regiões costeiras das Guinés, da Serra Leoa, da Libéria, da Costa do Marfim, da Costa do Ouro, da Nigéria e dos Camarões — para só mencionar regiões de onde vieram tantos africanos para o Brasil.

A falsidade, por exclusiva e, portanto, incompleta, da paisagem que em si própria reconhece não diminui a dramaticidade das palavras com que a África se dirige a Deus. Antes, porém, da desesperada interpelação final, relembra, para explicar sua desgraça, o anátema de Noé contra Cam, que faltara com o respeito à ebriedade e à nudez do pai. Embora no texto bíblico se expresse que a maldição — os seus descendentes seriam escravos — devia recair sobre Canaã, e não, sobre Cam ou seu outro filho, Cuxe, de quem proviriam os negros, primeiro os islamitas e, depois, os cristãos a usaram para justificar, do ponto de vista religioso, a escravização dos africanos. Era idéia corrente na época de Castro Alves, de modo que não necessitava explicá-la. Bastava-lhe aludir a Cam e ao monte Ararat:

Não basta inda de dor, ó Deus terrível?!
É, pois, teu peito eterno, inexaurível
    De vingança e rancor?...
E que é que fiz, Senhor? que torvo crime
Eu cometi jamais que assim me oprime
    Teu gládio vingador?!...

....

Foi depois do dilúvio... Um viandante,
Negro, sombrio, pálido, arquejante,
    Descia do Arará...
E eu disse ao peregrino fulminado:
"Cão!... serás meu esposo bem-amado...
    — Serei tua Eloá..."

Desde este dia o vento da desgraça
Por meus cabelos ululando passa
    O anátema cruel.
As tribos erram do areal nas vagas,
E o Nômada faminto corta as plagas
    No rápido corcel.

Vi a ciência desertar do Egito...
Vi meu povo seguir — Judeu maldito —
    Trilho de perdição.
Depois vi minha prole desgraçada
Pelas garras d'Europa — arrebatada —
    Amestrado falcão!...

Cristo! embalde morreste sobre um monte...
Teu sangue não lavrou de minha fronte
  A mancha original.
Ainda hoje são, por fado adverso,
Meus filhos — alimária do universo,
  Eu — pasto universal...

Hoje em meu sangue a América se nutre
— Condor que transformara-se em abutre,
  Ave da escravidão,
Ela juntou-se às mais... irmã traidora
Qual de José os vis irmãos outrora
  Venderam seu irmão.

....

Basta, Senhor! De teu potente braço
Role através dos astros e do espaço
  Perdão p'ra os crimes meus!...
Há dois mil anos... eu soluço um grito...
Escuta o brado meu lá no infinito,
  Meu Deus! Senhor, meu Deus!!...

O poeta dos escravos não ouviu o escravo. Se o tivesse feito, não teria escrito o que vem em "Sangue de africano", uma das partes de *A cachoeira de Paulo Afonso*. Ao descrever a reação do escravo Lucas, crioulo e certamente sem antepassados líbios, ao que lhe contou sua bem-amada Maria, ele diz:

No peito arcado o coração sacode
O sangue, que da raça não desmente,
Sangue queimado pelo sol da Líbia,
Que ora referve no Equador ardente.

Esse Equador passa pelo Brasil, mas não pela África de Castro Alves. Uma África que, para os efeitos da propaganda abolicionista, era toda infelicidade, toda tragédia. Bem distinta das Áfricas das quais tinham saudade os escravos no Brasil, das Áfricas onde eles punham o paraíso perdido e à qual aspiravam, em algum dia venturoso, em corpo ou em espírito, a regressar. Castro Alves sabia disso, pois não só em "A canção do africano" o escravo lamenta estar distante de sua terra, mas também em *Gonzaga*, na cantiga da cativa, no final da cena III do primeiro ato, que é de novo entoada na cena XIX do terceiro ato, ele se refere à crença de muitos negros em que, após a morte, retornariam à África. Canta a escrava:

Eu sou a pobre cativa
A cativa d'além-mar.
Eu vago em terra estrangeira,
Ninguém me quer escutar.

Tu que vais a longes terras,
À viageira andorinha,
Vai dizer à minha mãe,
Que eu vivo triste e sozinha.

Mas diz à pobre que espere,
Que o vento me há de levar
Quando eu morrer nesta terra,
Para as terras de além-mar.

Essas quadras ao gosto popular estão mais próximas, em sua simplicidade, da idéia que tinha o escravo da sua África, da África de seus pais e de seus avós, do que o ambicioso poema no qual Castro Alves pôs a falar um continente. Seria, contudo, injusto, compará-los. "Vozes d'África" é uma criação de fôlego incomum, em que a imaginação fez de paisagens reais paisagens míticas, um poema que é todo visão e movimento, com um poder dramático que não se abate do primeiro ao último verso. A sua verdade não é a da geografia nem a da memória. É a do poema como ente completo e fechado em seu enredo, no qual se denuncia apaixonadamente o horror do escravismo. O impacto que teve em sua época foi, com justiça, enorme. Era aquela África, seca e desesperada, sem florestas, sem savanas e campinas onde pastassem bois, zebras e gazelas, sem montanhas e vales verdes, sem rios, sem lagos povoados de hipopótamos e flamingos, sem saltos e cataratas, sem flores e sem beleza, e não a África que tinha tudo isso e muito mais, a que comovia as platéias de brancos e de caboclos e mulatos culturalmente embranquecidos e europeizados. O retrato trágico exigia o deserto.

18. Os amantes se apartam

Se, naquele ano de 1868, Castro Alves escrevia um poema depois do outro, cuidava ele também da publicação, no Rio de Janeiro, e da representação, em São Paulo, de *Gonzaga*. Vendera o texto da peça a um editor fluminense — mas este andava tão arrastado que o poeta quase perdera a esperança de ver o seu drama em forma de livro. Já os esforços para levá-lo ao palco estavam a ter melhor destino.

Não tardou Eugênia Câmara a formar em São Paulo uma companhia teatral e ter ao seu dispor o Teatro São José. E começaram os preparativos para pôr em cena *Gonzaga*. Obtido o apoio financeiro de Antônio da Silva Prado, o barão de Iguape, Castro Alves tentou, por intermédio de seu amigo Luís Cornélio dos Santos, arregimentar atores no Rio de Janeiro, como Estanislau Barroso Pimentel, Eduardo Álvares da Silva e Francisco de Paula Monclar. Só o segundo viria, para fazer o visconde de Barbacena. Talvez tenha sido uma sorte para Castro Alves que os outros não tivessem aceitado o convite, pois o papel de Gonzaga ficaria com Joaquim Augusto Ribeiro de Sousa, aquele Joaquim Augusto que, com a morte de João Caetano, se impunha como o maior ator brasileiro de seu tempo.

O público respondeu com entusiasmo à representação de *Gonzaga*, em 25 de outubro. A segunda récita, quatro noites depois, foi nova consagração. Na primeira, houve um espetáculo extra. Findo o último ato, Castro Alves apareceu na frente de um camarote, bem junto ao palco, e recitou a ode "Ao ator Joaquim Augusto" para um público "silencioso e extático" — adjetivos de um contemporâneo que, menino, estava presente. Que um poema de circunstância tenha abalado tanto um auditório deveu-se à bela figura e à não menos bela voz do poeta, "grave, forte, volumosa, nítida, penetrante".

O êxito de *Gonzaga* foi acompanhado pela aprovação do poeta nos exames da faculdade. Ele correra o risco de perder o ano por faltas. Recorreu ao governo, e dessa feita teve a apoiá-lo os professores, que lhe deram parecer favorável. Fez as provas e passou de ano com um "plenamente".

Foram somente duas as representações de *Gonzaga*, num Teatro São João repleto. Numa cidade acanhada como São Paulo, não havia público para mais. Castro Alves começou a sonhar com a possibilidade de ter o drama encenado no Rio de Janeiro, e Eugênia escreveu ao ator Francisco Correia Vasques, propondo-lhe apresentar a peça no Teatro Eldorado.

Desde agosto, a relação amorosa entre a atriz e o poeta estava a romper-se. Só os preparativos para a encenação de *Gonzaga* pareciam manter junto o casal. As brigas se haviam tornado ainda mais freqüentes, e eles trocavam palavras cada vez mais violentas. Talvez tenha sido após uma das reconciliações que se sucediam aos conflitos que Castro Alves escreveu a mais sensual de suas poesias, "Boa-noite", em que refaz, com várias alusões a personagens literárias — Julieta, Marion,

Consuelo, que são uma só: Eugênia —, a cena que Shakespeare pôs em Verona:

Boa-noite, Maria! Eu vou-me embora.
A noite nas janelas bate em cheio.
Boa-noite, Maria! É tarde... é tarde...
Não me apertes assim contra teu seio.

Boa-noite!... E tu dizes — Boa-noite.
Mas não digas assim por entre beijos...
Mas não mo digas descobrindo o peito,
— Mar de amor onde vagam meus desejos.

Julieta do céu! Ouve... a calhandra
Já rumoreja o canto da matina.
[...]

Se a estrela-d'alva os derradeiros raios
Derrama nos jardins do Capuleto,
Eu direi, me esquecendo d'alvorada:
"É noite ainda em teu cabelo preto..."

[...]

A frouxa luz da alabastrina lâmpada
Lambe voluptuosa os teus contornos...
Oh! Deixa-me aquecer teus pés divinos
Ao doudo afago de meus lábios mornos.

[...]

Ai! Canta a cavatina do delírio,
Ri, suspira, soluça, anseia e chora...
Marion! Marion!... É noite ainda.
Que importa os raios de uma nova aurora?!...

Como um negro e sombrio firmamento,
Sobre mim desenrola teu cabelo...
E deixa-me dormir balbuciando:
— Boa-noite! —, formosa Consuelo!...

Desde que foi impresso, esse poema tem sido guardado e repetido de cor por geração após geração. Como também não saiu da memória popular "O 'adeus' de Teresa", composto nesse mesmo mês de agosto, noutro desses dias tensos entre os dois amantes, depois de um de seus rompimentos:

A vez primeira que eu fitei Teresa,
Como as plantas que arrasta a correnteza,
A valsa nos levou nos giros seus...
E amamos juntos... E depois na sala
"Adeus" eu disse-lhe a tremer co'a fala...

E ela, corando, murmurou-me: "adeus".

Uma noite... entreabriu-se um reposteiro...
E da alcova saía um cavaleiro
Inda beijando uma mulher sem véus...
Era eu... Era a pálida Teresa!
"Adeus" lhe disse conservando-a presa...

E ela entre beijos murmurou-me: "adeus!"

Passaram tempos... sec'los de delírio,
Prazeres divinais... gozos do Empíreo...
...Mas um dia volvi aos lares meus.
Partindo eu disse — "Voltarei!... descansa!..."
Ela, chorando mais que uma criança,

Ela em soluços murmurou-me: "adeus!"

Quando voltei... era o palácio em festa!...
E a voz d'Ela e de um homem lá na orquesta
Preenchiam de amor o azul dos céus.
Entrei!... Ela me olhou branca... surpresa!
Foi a última vez que eu vi Teresa!...

E ela arquejando murmurou-me: "adeus!"

Do conflito, só se conhece a versão do poeta. Diziam os amigos que Eugênia o traía — como insinua a última estrofe de "O 'adeus' de Teresa". E desde Salvador. E com o músico (o "homem lá na orquesta") com quem ela viria a casar-se. Que vivia cercada de portugueses, que lhe tinham ofertado uma coroa de prata. Que descuidava de Antônio, enquanto este era todo desvelo. É possível que não fosse mulher de um só homem, como Castro Alves não era homem de uma só mulher. Mas é possível também que os maledicentes confundissem infidelidade com excessiva faceirice e prazer em sentir-se admirada, requestada, cortejada. O estranho é que não se mencione um único deslize do poeta, embora fosse sabido que era incapaz de resistir aos encantos femininos.

Não nos ficaram as queixas da atriz. De suas recriminações, mágoas e ressentimentos, ninguém tomou nota. De Eugênia guardou-se a imagem de pérfida, cruel, volúvel, interesseira, devassa e até ingrata, como se devesse mais a Castro Alves do que ele a ela. Não faltou sequer quem dissesse que só foi verdadeiramente boa atriz nas cinco representações de *Gonzaga*.

Talvez Antônio, que sempre fora mimado, se quisesse retribuído em sua adoração, e Eugênia fosse incapaz de o fazer com a constância e a intensidade exigidas pelo amante. Mulher culta, livre e independente, acostumada a enfrentar os preconceitos de seu tempo, não se mostrava disposta a aceitar as restrições que Castro Alves queria impor à sua independência e à sua liberdade. E o poeta, que tanto precisava de aplausos, ressentia os que eram dados à amante. Eram duas vaidades, dois egoísmos em choque. Se Eugênia, como desde então se diz, lhe era infiel, não foi ele que se apartou dela por isso. Foi Eugênia que, cansada de recriminações e brigas, o mandou embora e lhe atirou os livros e os demais pertences na rua. Tinha-se por dona da casa, pois, dependendo Antônio do que lhe mandava a madrasta — 50 mil-réis por mês, ou um pouco mais —, era provavelmente a atriz quem cobria a maior parte das despesas.

Castro Alves foi morar com Rui Barbosa, numa república de estudantes na ladeira da Conceição. Nesses dias em que viveram sob o mesmo teto, a intimidade — e a palavra é de Rui — que existia entre os dois baianos se estreitou. Rui deve ter amparado com seu afeto o amigo mais velho, um jovem de 21 anos que via romper-se o seu grande amor. A separação, para ele — e também para Eugênia —, foi dolorosíssima. Como se o partissem ao meio. Deixou de ler, de escrever, e fumava sem parar. Só saía de casa para o campo, a caçar ou fingir que caçava.

A imagem de Eugênia não lhe saía da mente. Ele queria reavê-la, mas ao mesmo tempo lhe castigava a memória, como aquela que havia destruído a sua vida. Em alguns poemas, reserva-lhe as palavras mais duras do amor ferido. A que fora a bem-amada era agora a "fria Messalina", "o pássaro maldito em que sânie de cadáveres se ceva" e "a fatal serpente" que lhe bebera "a vida, a mocidade, a crença".

19. "É tarde!"

Na tarde de 11 de novembro, Castro Alves andava pelos campos do Brás, de espingarda a tiracolo, com o cano voltado para baixo. Ao saltar uma vala, a arma disparou, e a carga de chumbo alojou-se em seu calcanhar esquerdo. Foi como pôde até uma casa e pediu que o levassem à sua república, onde um amigo e conterrâneo, Luís Lopes Batista dos Anjos, prestou-lhe os primeiros socorros. Logo em seguida, o médico transferiu-o para uma outra república, em frente à sua casa, na rua do Imperador (atual Deodoro), onde lhe poderia dar constante atenção. Instalou o poeta num bom quarto, com uma ampla cama, cheia de travesseiros, para que ele pudesse recostar-se com mais conforto. Da janela, viam-se um pequeno jardim e as ramadas de um jasmineiro.

Antônio perdera muito sangue, e teve de submeter-se a uma delicada operação para retirar os grãos de chumbo e evitar a perda do pé. Entre os que o atenderam, além do dr. Lopes, esteve o próprio presidente da província, Cândido

Borges Monteiro, barão de Itaúna, que era cirurgião. A febre ia e voltava, as feridas não fechavam, e as dores não o deixavam em paz.

Teve cuidados no informar a família, para não inquietá-la. Pôs-se à espera de alguém que pudesse transmitir pessoalmente o que se passara. Viu-se, por isso, sem dinheiro para enfrentar tantas despesas com o tratamento. Apelou para o amigo Luís Cornélio, no Rio de Janeiro, enquanto não chegavam recursos da Bahia.

Ficou meses sem sair do leito. Como conseqüência de seu enfraquecimento, a tuberculose mostrou-se com clareza. Tossia muito, respirava às vezes com dificuldade, e teve hemoptises.

Desde o primeiro momento, os amigos não o abandonaram — Rui, Ferreira de Meneses, Carlos Ferreira, Brasílio Machado, Aureliano Coutinho, Campos de Carvalho, Américo de Campos e o padre Francisco de Paula Rodrigues, a quem chamava "Padre Chico", entre os mais assíduos. Nabuco estava no Rio de Janeiro, de onde seguiria para o Recife, a fim de ali concluir o curso de direito. Em todos esses meses de aflição, Castro Alves, como confessaria mais tarde a todos eles, teve "uma mão de amigo para apertar", e sua "cabeça desfalecida encontrava sempre um bom coração — onde repousar". Talvez ao escrever essa última frase estivesse a pensar especialmente na filha de Lopes dos Anjos, Maria Amália, a quem todos chamavam "Sinhá" ou "Sinhazinha", que lhe foi uma enfermeira incansável. Não fala na carta em Eugênia, mas a ausência ao seu lado de quem tanto amara e continuava a amar se acrescentou aos seus suplícios.

Pede a lenda, para rematar a imagem de egoísta, insensível e carrasca, que Eugênia não tenha ido ver o poeta. Mas parece que foi, uma vez ao menos, se guardou boa lembrança de um momento de sua juventude o terceiro Martim Francisco de Andrada. Este teria encontrado a atriz nos aposentos de Antônio, numa ocasião em que foi vê-lo. Não estava ali, ao que parece, a cuidar-lhe, mas de visita, como o próprio Martim Francisco.

Na falta de Eugênia, havia o consolo da presença de Sinhazinha. Para essa Sinhá Lopes dos Anjos, por quem Castro Alves se teria encantado meses antes, num baile, escreveria ele, em julho, antes, portanto, do rompimento com Eugênia, um dos seus mais delicados poemas de amor: "O laço de fita". E talvez tenha sido ela a inspiradora de uma de suas obras-primas: "Adormecida".

Não se saberá jamais se Antônio presenciou a cena que nesse último poema se descreve, ou se a construiu na imaginação. Pouco importa. O que importa é que, lendo-o, vemos a moça a balançar-se quase imperceptivelmente na rede, entre realidade e sonho, como num desses antigos filmes de cinema, em que o branco e o preto sobressaem entre os cinzas luminosos. Aliás, Castro Alves, mestre do cromatismo, só não foge, nesse poema, de o colorir num único momento — ao aproximar as "folhas verdes" das "negras tranças", num quadro em que predomina o contraste entre a noite e o jasmineiro:

> *Uma noite, eu me lembro... Ela dormia*
> *Numa rede encostada molemente...*
> *Quase aberto o roupão... solto o cabelo*
> *E o pé descalço do tapete rente.*

> *'Stava aberta a janela. Um cheiro agreste*
> *Exalavam as silvas da campina...*
> *E ao longe, num pedaço do horizonte,*
> *Via-se a noite plácida e divina.*

De um jasmineiro os galhos encurvados,
Indiscretos entravam pela sala,
E de leve oscilando ao tom das auras,
Iam na face trêmulos — beijá-la.

Era um quadro celeste!... A cada afago
Mesmo em sonhos a moça estremecia...
Quando ela serenava... a flor beijava-a...
Quando ela ia beijar-lhe... a flor fugia...

Dir-se-ia que naquele doce instante
Brincavam duas cândidas crianças...
A brisa, que agitava as folhas verdes,
Fazia-lhe ondear as negras tranças!

E o ramo ora chegava ora afastava-se...
Mas quando a via despeitada a meio,
P'ra não zangá-la... sacudia alegre
Uma chuva de pétalas no seio...

Eu, fitando esta cena, repetia
Naquela noite lânguida e sentida:
"Ó flor! — tu és a virgem das campinas!
"Virgem! — tu és a flor da minha vida!..."

Desiludido de reaver Eugênia, Antônio, sem, ao que parece, esquecê-la como a inimiga bem-amada ou a bem-amada inimiga, multiplicaria as suas musas. Sinhazinha seria a primeira delas.

Em meados de março, a infecção agravou-se. Foi novamente operado, e lhe retiraram mais grãos de chumbo do pé.

Da noite de 30 daquele mês a 1º de abril, o poeta teve uma crise mais grave, com fortes hemoptises. Viu a morte achegar-se. E, dias depois, com febre alta e no meio de grandes padecimentos, escreveu "Quando eu morrer". No poema, que ficou truncado, porque Castro Alves — como afirmou em nota em *Espumas flutuantes* — não o quis acabar, há antecipações de Cesário Verde e Augusto dos Anjos, como neste trecho:

A cova, num bocejo indiferente,
Abre ao primeiro a boca libertina.

Ou nestas três quadras que vêm em seguida:

Ei-la a nau do sepulcro — o cemitério...
Que povo estranho no porão profundo!
Emigrantes sombrios que se embarcam
Para as plagas sem fim do outro mundo.

Tem os fogos — errantes — por santelmo.
Tem por velame — os panos do sudário...
Por mastro — o vulto esguio do cipreste,
Por gaivotas — o mocho funerário...

Ali ninguém se firma a um braço amigo
Do inverno pelas lúgubres noitadas...
No tombadilho indiferentes chocam-se
E nas trevas esbarram-se as ossadas...

No início de maio, a situação agravou-se ainda mais. Os médicos temeram que o pé do poeta pudesse gangrenar e decidiram levá-lo para a Corte, onde havia mais recursos. A descida para Santos deve ter sido um suplício. Da viagem de navio, acompanhado por José Rubino de Oliveira, um bom amigo que fizera em São Paulo, disse Antônio que foi "boa, ou antes sofrível", porque "o navio jogava muito" e era bastante delicado o seu estado de fraqueza.

Chegou ao Rio de Janeiro em 21 de maio de 1869. Levado por uma carreta para terra, fez uma viagem de duas horas até a casa de seu amigo Luís Cornélio dos Santos, à rua do Silva Manuel, número 3. Após alguns dias, sentia-se melhor do peito e recebera esperanças dos médicos de que o pé podia salvar-se. Mas voltou a manifestar-se um abscesso no calcanhar, que o próprio poeta abriu.

Era tratado em casa. Naquela época, embora já existissem misericórdias e casas de saúde, as pessoas de posses evitavam hospitalizar-se. Geralmente, só recorriam aos hospitais os que não tinham família ou não podiam manter-se, os solitários e os desamparados. Falava-se de alguém que fora para um hospital com a mesma comiseração com que se declararia que estava num abrigo de indigentes. Não causa surpresa, por isso, que tenham malogrado, apesar de sua perseverança, os esforços do dr. Alves para criar em Salvador um hospital modelar. Nos quartos de sua clínica, na Boa Vista, predominavam os escravos, e por esses pacientes os senhores pagavam muito pouco.

Foi na casa de Luís Cornélio que Castro Alves amputou o pé pelo terço inferior da tíbia. Os drs. Mateus de Andrade e Andrade Pertence bem que tentaram evitar a amputação. Mas, no início de junho, durante uma nova cirurgia, na qual retiraram mais grãos de chumbo e fragmentos de ossos, verificaram um começo de cárie nas fraturas. Renderam-se, então, à necessidade de amputar-lhe o pé. Castro Alves enfrentou a operação sem anestesia, pois o estado de seus pulmões tornava perigoso o uso do clorofórmio. E consta que teria dito ao dr. Mateus de Andrade, simulando o riso: "Corte-o, corte-o, doutor. Ficarei com menos matéria que o resto da humanidade".

Desde sua chegada ao Rio, fora assistido por três jovens: Eulália Figueiras, que era cunhada de Luís Cornélio, Maria Cândida Garcez e Cândida Campos, a "Dendém". Parece que, tal qual sucedera com Sinhá Lopes dos Anjos, as três se encantaram pelo poeta, ainda bonito apesar de sua fragilidade, ou talvez por isso mesmo ainda romanticamente mais belo. É possível que confundissem com amor a piedade que lhes causava vê-lo em sofrimento, a encostar-se à morte. Antônio sentiu que era querido, e todas lhe inspiraram versos.

Seria talvez a Maria Cândida Garcez que ele diria, em "Murmúrios da tarde":

E tu no entanto no jardim vagavas,
Rosa de amor, celestial Maria...
Ai! como esquiva sobre o chão pisavas,
Ai! como alegre a tua boca ria...
E tu no entanto no jardim vagavas.

[...]

Flor! Tu chegaste de outra flor mais perto,
Que bela rosa! que fragrância meiga!
Dir-se-ia um riso no jardim aberto,
Dir-se-ia um beijo, que nasceu na veiga...
Flor! Tu chegaste de outra flor mais perto!...

E eu, que escutava o conversar das flores,
Ouvi que a rosa murmurava ardente:
"Colhe-me, ó virgem, — não terei mais dores,
Guarda-me, ó bela, no teu seio quente..."
E eu escutava o conversar das flores.

> *"Leva-me! leva-me, ó gentil Maria!"*
> *Também então eu murmurei cismando...*
> *"Minh'alma é rosa, que a geada esfria...*
> *Dá-lhe em teus seios um asilo brando...*
> *"Leva-me! leva-me, ó gentil Maria!..."*

Dendém talvez tenha sido a que mais o enterneceu. E crê-se que foi para ela que, em junho, pouco antes ou pouco depois da amputação, ele escreveu "A volta da primavera", em que lhe pede:

> *Ai! não maldigas minha fronte pálida,*
> *E o peito gasto ao referver de amores.*
> *Vegetam louros — na caveira esquálida*
> *E a sepultura se reveste em flores.*

E, depois de perguntar-lhe se não via sua alma reviver, exclama:

> *É que teu riso me penetra n'alma —*
> *Como a harmonia de uma orquestra santa —*
> *É que teu riso tanta dor acalma...*
> *Tanta descrença!... Tanta angústia!... Tanta!*

> *Que eu digo ao ver tua celeste fronte:*
> *"O céu consola toda dor que existe.*
> *Deus fez a neve — para o negro monte!*
> *Deus fez a virgem — para o bardo triste!"*

Das três, aquela que julgou que poderia magoar deve ter sido Eulália, em quem talvez adivinhou a afeição mais séria. Foi a Eulália que endereçou um poema, "É tarde", no qual confessa que para ele se tornara impossível o amor, pois não lhe sobravam nem espaço na alma nem dias de vida. Nesses versos, após acusar Eugênia Câmara,

> [...] *a negra feiticeira* —
> *A libertina, lúgubre bacante,*

de lhe haver destruído a crença e a mocidade, diz à jovem que lhe cuidava:

> *Ai! não queiras os restos do banquete!*
> *Não queiras esse leito conspurcado!*
> *Sabes? meu beijo te manchara os lábios*
> *Num beijo profanado.*

E, após afirmar que

> *Nas ruínas desta alma* [...]
> [...] *cresce o cardo — a morte —*

diz-lhe:

> *Perdoa-me, Senhora!... Eu sei que morro...*
> *É tarde! É muito tarde!...*

O pós-operatório foi difícil, e a convalescença, longa, mas o poeta esteve sempre amparado pelo carinho de suas enfermeiras e de seus amigos, entre os quais os mais assíduos eram Mello Moraes Filho, Ferreira de Meneses e Joaquim Serra.

Houve alguma acalmia no quadro pulmonar, mas o estado emocional de Antônio não o ajudava. Aleijado, a ruminar um grande amor desfeito e o que tinha por ingratidão e maldade daquela a quem tanto se dedicara, sentia-se morrer aos poucos. O organismo, porém, acabou por reagir, e, certo dia, Castro Alves conseguiu levantar-se e caminhar apoiado em muletas, com um pé de borracha ou de madeira.

20. As despedidas

Em 25 de novembro, embarcou para a Bahia, acompanhado pelo cunhado Francisco Lopes Guimarães Júnior, o seu querido Chico, que o fora buscar no Rio de Janeiro.

Algumas noites antes, saíra de casa para ir ao Teatro Fênix Dramática assistir a um espetáculo em que Eugênia era a atriz principal. Talvez tenha ido visitá-la no camarim. Talvez ela o tenha avistado num camarote e o tenha procurado e tentado uma reconciliação. Talvez — ainda que seja improvável — só se tenham visto de longe e não tenham chegado a apertar as mãos. Como quer que tenha sido, foi sob o influxo dessa noite que Castro Alves escreveu os versos de "Adeus", sua última e pungente declaração de amor a uma mulher que lhe era inesquecível. Não se sabe com certeza se ele lhe enviou o poema, ou se ela tomou conhecimento destes versos nas páginas do *Jornal da Tarde*, que os publicou no dia seguinte ao da partida do poeta:

Adeus! P'ra sempre adeus! A voz dos ventos
Chama por mim batendo contra as fragas.
Eu vou partir... em breve o oceano
Vai lançar entre nós milhões de vagas...

Recomeço de novo o meu caminho
Do lar deserto vou seguindo o trilho...
Já que nada me resta sobre a terra
Dar-lhe-ei meu cadáver... sou bom filho!...

Eu vim cantando a mocidade e os sonhos,
Eu vim sonhando a f'licidade e a glória!
Ai! primavera que fugiu p'ra sempre,
Amor — escárnio!... lutulenta história!

Bem vês! Eu volto. Como vou tão rico...
Que risos n'alma! que lauréis na frente...
Tenho por c'roa a palidez da morte,
Fez-se um cadáver — o poeta ardente!

Adeus! P'ra sempre adeus! Quando alta noite,
Encostado à amurada do navio...
As vagas tristes... que nos viram juntos
Perguntarem por ti num beijo frio,
Eu lhes hei de contar a minha história.
Talvez me entenda este sofrer do inferno
O oceano! O oceano imenso e triste,
O gigante da dor! o Jó eterno!

O poeta então muda de metro, e recorda a noite recente, no teatro, em que, pela primeira vez após o rompimento, revira a bem-amada, por quem tanto sofria:

Fazia um ano. Era o dia
Do fatal aniversário...
Ergui-me da cova escura,
Sacudi o meu sudário...
Em meio aos risos e à festa
E às gargalhadas da orquesta,
Que eu tinha esquecido, enfim,
Tomei lugar!... Solitário
Quis rever o meu Calvário
Deserto, tredo, sem fim!...

Sabes o que é sepultar-se
Um ano inteiro na dor...
Esquecido, abandonado,
Sem crença, ambição e amor...
Ver cair dia... após dia,
Sem um riso d'alegria...
Sem nada... nada... Jesus!
Ver cair noite após noite,
Sem ninguém que nos acoite...
Ninguém que nos tome a Cruz?!...

Ai! não sabes! nunca o saibas!...
Pois bem; imagina-o só...
E então talvez compreendas
A lenda escura de Jó.

A epígrafe, de Alfred de Musset, que antecede a segunda parte do poema — "Meu coração, ainda cheio dela, percorria o seu rosto e não mais a encontrava" —, não chega a resumir o que segue, e quase o contradiz:

Porém de súbito acordou do ergástulo
O precito, que ali jazia há pouco...
E o pensamento habituado às trevas
Atirado na luz... — pássaro louco!

Vi de repente o passado
Erguer-se em face de mim...
A rir... a rir, como espectro,
De uma ironia sem fim.

A orquestra, as luzes, o teatro, as flores
Tu no meio da festa que fulgura.
Tu! sempre a mesma! a mesma! Tu! meu Deus!
Não morri neste instante de loucura...

Quebra-te pena maldita
Que não podes escrever
A horror de angústias e mágoas
Que então me viste sofrer.

A mesma fronte que amei outrora!
O mesmo riso que me vira um dia!
O mesmo olhar que me perdera a vida!
A mesma, a mesma, por quem eu morria!

Que saudades que eu tenho do passado,
Da nossa mocidade ardente e amante!
Meu Deus! Eu dera o resto de existência
Por um momento assim... por um instante.

Mas não! entre nós o abismo
Se estende negro e fatal...
— Jamais! — é palavra escrita
No céu, na terra, no val.

Eu — já não tenho mais vida!
Tu — já não tens mais amor!
Tu — só vives para os risos.
Eu — só vivo para a dor.

Tu vais em busca da aurora!
Eu em busca do poente!
Queres o leito brilhante!
Eu peço a cova silente!

Não te iludas! O passado
P'ra sempre quebrado está!
Desce a corrente do rio...
E deixa-o sepulto lá!

Viste-me... E creste um momento
Qu'inda me tinhas amor!...
Pobre amiga! Era lembrança,
Era saudade... era dor!

Obrigado! Mas na terra
Tudo entre nós se acabou!
Adeus!... É o adeus extremo...
A hora extrema soou.

Quis te odiar, não pude. — Quis na terra
Encontrar outro amor. — Foi-me impossível.
Então bendisse a Deus que no meu peito
Pôs o germe cruel de um mal terrível.

Sinto que vou morrer! Posso, portanto,
A verdade dizer-te santa e nua:
Não quero mais teu amor! Porém minh'alma
Aqui, além, mais longe, é sempre tua.

São versos que doem, esses, de adeus a um amor sem esperança. De adeus à vida. Talvez sejam ainda mais intensos e dolorosos do que aqueles que Keats endereçou, à beira da morte, a Fanny Brown. Aqui estamos distantes do vocabulário e da dicção dos poemas políticos, mas o poeta é o mesmo — um jovem poeta que já se tinha por senhor de seu ofício, capaz de ser absolutamente sincero em versos de grande requinte formal, como aqueles em que antropomorfiza o oceano, e da expressão direta e simples, tão difícil de ser obtida, que se vai impondo de quadra a quadra, até a belíssima chave de ouro.

Eugênia respondeu a Antônio. Escreveu-lhe uma carta, acompanhada de versos, o seu "Adeus". A carta perdeu-se; os versos ficaram. São versos que não possuem outra força que a da sinceridade, mas, ao lado dos de Castro Alves, desenham a amargura do desencontro. Eugênia sabia que desperdiçara um dom que a vida lhe concedera: o amor de um grande poeta — iluminado "com um raio divinal de gênio", como diz claramente. E claramente lhe confessa que, apesar do rompimento, continuava a amá-lo.

Também ela recorda aquela noite no teatro:

A multidão me sorria
E o meu ser estava contigo
Nesse olhar belo e sereno
Minh'alma encontrou abrigo.

Eras o anjo d'outra hora
E eu cairia a teus pés
Se inda mesmo moribundo
Tu me dissesses — Talvez!...

E pede-lhe perdão, antes de rematar:

Adeus!! Se um dia o Destino
Nos fizer ainda encontrar
Como irmã ou como amante
Sempre! Sempre! Me hás de achar.

No manuscrito, seguem-se o endereço de sua casa — Catete, 17 —, a indicação de que terminou de escrever os versos às "duas horas da noite", e novamente a palavra "adeus".

Não se encontrariam nunca mais.

Eugênia casou-se com um músico, Antônio de Assis Osternold, e morreria de encefalite em maio de 1874, menos de três anos depois de Castro Alves. Consta que passara a abusar da bebida e fora obrigada, por ter perdido o bom uso da memória, a abandonar o palco.

21. Curralinho

Quando, a caminho de Salvador, se afastava da baía de Guanabara, Castro Alves, pensativo e tristonho, encostado à balaustrada do convés, mirava a esteira deixada nas águas pelo navio. Foi então que teve a idéia de chamar *Espumas flutuantes* ao livro de poemas que queria publicar, pois assim como um barco deixava "uma esteira de espumas [...] na vasta indiferença do oceano", ele deixaria, para que dele se guardasse memória, "um punhado de versos — espumas flutuantes no dorso fero da vida".

Desde havia muito desejava ter um livro publicado. Continuava sem notícias de *Gonzaga*, de cuja publicação o editor parecia não ter pressa, e agora, que voltava à Bahia, "silencioso e alquebrado", tendo por "única ambição a esperança de repouso" em sua terra natal, sentiu-lhe a urgência.

Saíra de São Paulo com *Os escravos* praticamente pronto, mas não era esse o livro que primeiro almejava editar, e sim uma coletânea de poemas vários, que já havia tomado forma, na capital paulista, sob o título de *Dramas d'alma*. Na Bahia, o poeta retirou cerca de metade das composições que a formavam e acrescentou outras, mais recentes. Pensava num livro de cinqüenta poemas. Quando o teve pronto, já em fins de janeiro de 1870, escreveu ao amigo Luís Cornélio pedindo que, ajudado por Mello Moraes Filho, entrasse em entendimento com uma editora com a qual fizera contato antes de sair do Rio de Janeiro. Não queria ceder os direitos; desejava produzir o livro por conta própria, e o mais rápido possível. No melhor papel, encadernado em *demi-chagrin*, com 250 páginas. Uma edição chique, feita em Paris, com custos de até 5 mil francos. E avisou Cornélio de que seu interlocutor seria doravante Augusto Álvares Guimarães.

Desde seu retorno a Salvador, Antônio foi cercado pelo carinho da madrasta (por quem tinha, como confessou, "amor de filho"), das irmãs, do irmão, do cunhado e dos amigos. Seu estado de saúde era péssimo. O problema do pé se resolvera, mas não a humilhação e a angústia do aleijado, e muito menos a tuberculose. Esta, na verdade, se agravou. E de tal forma que os médicos lhe aconselharam que fosse para o sertão, para Curralinho.

Antônio chegou à cidadezinha em fevereiro. A caminho, no vapor da linha de Cachoeira, compôs "Versos a um viajante", no qual manifesta a sua saudade de São Paulo e das "belas filhas do país do sul". Ele mandaria, meses mais tarde, esse poema a sua irmã Adelaide, com a instrução de que o incluísse nos originais de *Espumas flutuantes*. E assim faria, antes e depois, com várias outras composições que escreveu durante sua estada no sertão.

Chegado a Cachoeira, Antônio e seu cunhado Chico atravessaram o rio, de canoa, para São Félix. De lá, seguiram a cavalo morro acima até Curralinho.

A família Alves já não era dona da fazenda Cabaceiras,

que o dr. Alves vendera, juntamente com a quarta parte de outra propriedade rural, a fazenda Paraguassuzinho, para poder comprar a quinta da Boa Vista. Em Curralinho, Antônio instalou-se numa das melhores residências do lugarejo, o sobrado de d. Joana Constância, prima de sua mãe. E viu-se cercado pela admiração dos vizinhos, que iam, à noite, ouvi-lo.

Tinha por refúgio o sótão de uma casa vizinha, pertencente a um primo seu, José Antônio dos Santos Castro, onde lhe montaram um pequeno escritório. Nesse recanto, lia, fascinado, os quatro volumes do *Cosmos*, de Humboldt, que lhe mandara Augusto Álvares Guimarães, fazia projetos literários e mantinha viva sua curiosidade intelectual. Pediu, por exemplo, a Álvares Guimarães um livro sobre a poética do espiritismo, de Allan Kardec, que o amigo, como era de esperar, não conseguiu localizar.

Álvares Guimarães devia mandar-lhe jornais, e por eles Castro Alves acompanhou os últimos meses da Guerra do Paraguai. Seguira o seu lento desenrolar com atenção, mas não parece que com muito entusiasmo. Não há menções à guerra em sua correspondência. E o conflito só lhe mereceu cinco poemas: dois da época do início da formação dos Voluntários da Pátria; um terceiro, "Quem dá aos pobres empresta a Deus", em favor dos órfãos da guerra; o quarto e o quinto, quando da passagem de Humaitá. E na estrofe final de "Ao Dous de Julho", une-se a Batalha do Riachuelo à do Cabrito.

Em Curralinho, Castro Alves passava horas a desenhar e desenhar, sob o grande tamarindeiro que havia no largo defronte à casa de d. Joana. Isso acalmava a revolta de quem não se resignava ao uso das muletas ou ao arrastar-se apoiado numa bengala. Praticamente só saía a cavalo. E a cavalo fazia demorados passeios, de manhãzinha, por vales e montes, na companhia inseparável de seu pajem, Gregório. O grande lenitivo de Antônio durante esses dias difíceis foi, porém, o convívio diário com Leonídia Fraga, que nunca o esquecera e o tinha, no íntimo, como o bem-amado que a vida desde sempre lhe reservara. E seria em sua boca que ele poria quase todos os versos de "O hóspede":

"*Onde vais, estrangeiro? Por que deixas*
O solitário albergue do deserto?
O que buscas além dos horizontes?
Por que transpor o píncaro dos montes,
Quando podes achar o amor tão perto?...

"*Pálido moço! um dia tu chegaste*
De outros climas, de terras bem distantes...
Era noite!... A tormenta além rugia...
Nos abetos da serra a ventania
Tinha gemidos longos, delirantes.

"*Uma buzina restrugiu no vale*
Junto aos barrancos onde geme o rio...
De teu cavalo o galopar soava,
E teu cão ululando replicava
Aos surdos roncos do trovão bravio.

"*Entraste! A loura chama do brasido*
Lambia um velho cedro crepitante,
Eras tão triste ao lume da fogueira...
Que eu derramei a lágrima primeira
Quando enxuguei teu manto gotejante!

"*Onde vais, estrangeiro?* [...]
    [...]

"*Queres voltar a este país maldito*
Onde a alegria e o riso te deixaram?
[...]

"*Não partas, não! Aqui todos te querem!*
Minhas aves amigas te conhecem.
Quando à tardinha volves da colina
Sem receio da longa carabina
De lajedo em lajedo as corças descem.

"*Teu cavalo nitrindo na savana*
Lambe as úmidas gramas em meus dedos,
Quando a fanfarra tocas na montanha,
A matilha dos ecos te acompanha
Ladrando pela ponta dos penedos.

[...]

No entanto Ele partiu!... Seu vulto ao longe
Escondeu-se onde a vista não alcança...
...Mas não penseis que o triste forasteiro
Foi procurar nos lares do estrangeiro
O fantasma sequer de uma esperança!...

É possível que o namoro com Leonídia tenha ido além do mútuo enternecimento. E que a moça tenha imaginado, como se vislumbra no poema, que Antônio pudesse ficar no sertão, e se curar de seu mal do peito, e se casar com ela. Já o poeta, como se vê na última estrofe, não se iludia com a perspectiva de recuperação da saúde. Embora se sentisse melhor, continuava a ter febre, sobretudo nos fins de tarde, a dormir mal, com falta de ar e acessos de tosse, e a temer a próxima hemoptise.

Não. Não queria ficar em Curralinho. Ainda tinha presente na alma a imagem de Eugênia Câmara e sofria a ofensa de seu desamor. Sentia, além disso, falta dos aplausos, da ação, do teatro. Desejava voltar a Salvador tão logo pudesse, ainda que dando as costas a uma perspectiva de felicidade, para viver todos os minutos do êxito, que antevia, de *Espumas flutuantes*.

Leonídia teria de conformar-se em adorá-lo em ausência, guardando ciosamente cada uma de suas lembranças, entre as quais os vários poemas que para ela escreveu. Quatro anos após a morte de Castro Alves, a moça se casaria com um primo — um matrimônio talvez arranjado pela família, como então era de praxe. E, já viúva, com a razão abalada, passaria os últimos catorze anos de sua longa vida — morreu octogenária — internada, por amarga coincidência, no hospício em que se transformara a quinta da Boa Vista, a repetir e repetir: "Eu sou a noiva do poeta Castro Alves".

22. No solar do Sodré

Antônio ficou cinco meses em Curralinho. Em julho, transportou-se para a fazenda Santa Isabel, de propriedade do irmão de Leonídia, Franklin de Meneses Fraga. A fazenda ficava em Rosário de Orobó, hoje Itaberaba. Ia, como ele próprio disse, passar um mês de chambre e a tomar leite mungido. Um mês e não mais, pois pretendia regressar a Salvador em fins de agosto, para, como disse numa carta, ver a sua "Vênus sair das Espumas".

Do livro, cuidava com zelo o seu amigo Augusto. Não mais se pensava em imprimi-lo na França. O poeta e seus próximos contentaram-se em fazê-lo em Salvador, ainda que com todos os requintes gráficos disponíveis na terra e com os melhores papéis. Para ajudar a custear a edição, buscaram-se, e não só na Bahia, mas também no Recife, no Rio de Janeiro e em São Paulo, quatrocentos assinantes, que receberiam os seus exemplares assinados pelo poeta.

Quando, em meados de setembro, após alguns dias em Curralinho, Antônio regressou ao solar do Sodré, o livro estava todo ou quase todo composto. Castro Alves provavelmente não lhe reviu as últimas provas, ou só o fez de alguns cadernos, de modo que, em fins de outubro, *Espumas flutuantes* saía às ruas: um bonito volume de 218 páginas, in-oitavo, impresso em tipos pequenos, com 54 poemas, um prólogo e notas. Na folha de rosto, embaixo do nome do autor, havia a indicação: "Estudante do quarto ano da Faculdade de Direito de São Paulo". Era verdade, pois, na esperança de melhoras na saúde, fizera, no devido tempo, a matrícula.

Em Salvador, Antônio, a quem os ares do sertão deram novo ânimo, retomou o gosto de ir ao teatro. Saía cedo de casa, a cavalo, para estar no São João antes do restante do público. Dele escondia, assim, o seu manquejar. Quando a cidade chegava, já o via em seu camarote, muito pálido, mas ainda belo. E sobre ele punha os olhos, à espera de que, num intervalo ou no fim do espetáculo, se levantasse como dantes, para recitar. Em vão.

Em 14 de outubro de 1870 houve, porém, uma noite de festa, em benefício do Grêmio Literário. Esperava-se que Castro Alves apresentasse um poema novo. E ele o fez, com uma ode à imprensa: "Deusa incruenta". Era um poema arrebatado, cheio de interjeições, para ser dito em voz alta, bem alta. Mas o poeta, ou porque andava rouco, ou porque temesse ser interrompido por um ataque de tosse, ou, ainda, porque não se julgasse capaz de recitar com a dicção de outrora, ficou, sentado, ao lado de um amigo, José Joaquim de Palma, que lhe declamou os versos. Foi uma apoteose. Agora sim, alguns certamente murmuraram, Castro Alves regressara à sua terra.

Oito dias mais tarde, o solar do Sodré abriu-se para o primeiro dos saraus literários que Antônio resolvera promover. O poeta leu para os amigos *A cachoeira de Paulo Afonso*, poema que, começado havia tantos anos, concluíra, três meses antes, na fazenda Santa Isabel.

A pequena platéia deve ter ouvido comovida a história da escrava Maria, violentada por um branco, e se emocionado com a reação de seu prometido, o também escravo Lucas. Este anseia por vingança e invoca, com amargura e revolta, a sua condição. Maria lhe relembra, porém, o juramento que Lucas fizera, criança, na hora da morte da mãe, vítima do ciúme de sua dona, que nela punia a infidelidade do marido. Prometera-lhe não se vingar da assassina, nem do senhor ou dos seus. Só depois de recordar-lhe o juramento, Maria revela ao bem-amado que fora estuprada pelo filho do amo, de quem Lucas era meio-irmão. Os noivos, unidos ainda mais na desgraça, deixam-se arrastar na canoa em que estavam, até despencarem na grande cachoeira:

A canoa rolava!... Abriu-se a um tempo
O precipício!... e o céu!...

Os convidados entreolharam-se, impressionados. E é possível que os mais sensíveis tenham reconhecido como altíssima poesia — já ia mais que a meio a leitura do poema — aquele trecho intitulado "Crepúsculo sertanejo", no qual se entreteceram a imaginação do poeta, as lembranças da chácara da Boa Vista e o contato direto com a natureza durante aqueles passeios a cavalo pelos arredores de Curralinho e pelas terras da fazenda Santa Isabel:

A tarde morria! Nas águas barrentas
As sombras das margens deitavam-se longas;
Na esguia atalaia das árvores secas
Ouvia-se um triste chorar de arapongas.

A tarde morria! Dos ramos, das lascas,
Das pedras, do líquen, das heras, dos cardos,
As trevas rasteiras com o ventre por terra
Saíam, quais negros, cruéis leopardos.

A tarde morria! Mais funda nas águas
Lavava-se a galha do escuro ingazeiro...
Ao fresco arrepio dos ventos cortantes
Em músico estalo rangia o coqueiro.

Sussurro profundo! Marulho gigante!
Talvez um — silêncio!... Talvez uma — orquesta...
Da folha, do cálix, das asas, do inseto...
Do átomo — à estrela... do verme — à floresta!...

As garças metiam o bico vermelho
Por baixo das asas, — da brisa ao açoite —;
E a terra na vaga de azul do infinito
Cobria a cabeça co'as penas da noite!

Somente por vezes, dos jungles das bordas
Dos golfos enormes, daquela paragem,
Erguia a cabeça surpreso, inquieto,
Coberto de limos — um touro selvagem.

Então as marrecas, em torno boiando,
O vôo encurvavam medrosas, à toa...
E o tímido bando pedindo outras praias
Passava gritando por sobre a canoa!...

Castro Alves foi um grande cantor de entardeceres. E um paisagista como poucos, capaz de dar vida às coisas inanimadas e reproduzir o movimento do que via. Suas paisagens quase nunca são estáticas. E era mestre em emprestar formas animais a rochas, matas e águas. Um caso extremo, de paisagem violenta, monumental e contorcida, é a sua descrição da cachoeira de Paulo Afonso, quando compara as águas do rio a uma sucuri, e os penedos de que caem, a um touro jovem, para em seguida contrariar a metáfora e deixar a luta sem vencedor:

Quando no lodo fértil das paragens
Onde o Paraguaçu rola profundo,
O vermelho novilho nas pastagens
Come os caniços do torrão fecundo;
Inquieto ele aspira nas bafagens
Da negra suc'ruiúba o cheiro imundo...
Mas já tarde... silvando o monstro voa...
E o novilho preado os ares troa!

Então doido de dor, sânie babando,
Co'a serpente no dorso parte o touro...
Aos bramidos os vales vão clamando,
Fogem as aves em sentido choro...
Mas súbito ela às águas o arrastando
Contrai-se para o negro sorvedouro...
E enrolando-lhe o corpo quente, exangue,
Quebra-o nas roscas, donde jorra o sangue.

Assim dir-se-ia que a caudal gigante
— Larga sucuruiúba do infinito —
Co'as escamas das ondas coruscante
Ferrara o negro touro de granito!...
Hórrido, insano, triste, lacerante
Sobe do abismo um pavoroso grito...
E medonha a suar a rocha brava
As pontas negras na serpente crava!...

Mas tamanha mestria não bastava ao poeta, e, em quatro versos, ele faz do mole de granito um gigante:

> *A cachoeira! Paulo Afonso! O abismo!*
> *[...]*
> *Relutantes na dor do cataclismo*
> *Os braços do gigante suarentos*
> *Agüentando a ranger (espanto! assombro!)*
> *O rio inteiro, que lhe cai do ombro.*

Castro Alves estranharia se alguém lhe dissesse que A *cachoeira de Paulo Afonso* era acima de tudo uma grande celebração da natureza. O poeta traíra a si próprio, pois sua intenção fora escrever uma dura denúncia do regime escravocrata, mostrando como humilhava o escravo e degradava as relações humanas. Queria que o poema comovesse, revoltasse e convertesse ouvintes e leitores à causa abolicionista. E o poema comoveu, revoltou e converteu. Não como panfleto, mas como poesia, como um relato de dramas humanos tendo por cenário a beleza do mundo.

O agravamento da doença não abalou em Castro Alves o sentimento de missão. Em Curralinho e Santa Isabel, ele não só concluiu A *cachoeira de Paulo Afonso* como também começou a projetar um longo poema ou talvez um romance sobre o quilombo de Palmares, uma epopéia dedicada à rebeldia do escravo. Não teve saúde nem tempo para escrevê-lo. Deixou-nos, contudo, compostas nesses dias sertanejos, as sete estrofes de "Saudação a Palmares", um poema menor no conjunto de sua obra, mas no qual se confirma a sua fidelidade à causa que, desde meninote, fizera sua.

23. O adeus à vida

Castro Alves queria ser um grande poeta, mas queria ser um grande poeta político, que contribuísse para mudar a vida. Via a poesia como meio; não como fim. Foi disso que nos quis avisar, ao pôr como epígrafe de A *cachoeira de Paulo Afonso* dois parágrafos de Heine. O primeiro já diz tudo: "Não sei se mereço que algum dia se deponha uma coroa de louros sobre o meu túmulo. A poesia, apesar de todo o meu amor por ela, não foi para mim senão um meio, consagrado a uma finalidade santa". E confessa que tudo o que desejou ser foi "um bravo soldado na guerra para a libertação da humanidade".

Não se pode deixar de estranhar, por isso, que, tendo praticamente pronto *Os escravos*, Castro Alves tenha preferido empenhar-se na publicação de *Espumas flutuantes*.

É possível que quisesse estrear com um livro em que mostrasse a versatilidade de sua Musa, em que se revelasse heróico, elegíaco e lírico, capaz de escrever, para grande coro, a "Ode ao Dous de Julho"; para quarteto de cordas, "A Boa

Vista"; e para piano, "O laço de fita". Talvez desejasse, pela última vez, dirigir-se a Eugênia Câmara ao distribuir pelo livro os poemas de amor e despeito que sobre ela escreveu, e assim deixar narrada (ainda que de forma incompleta, porque ficaram de fora vários deles, inclusive "Fatalidade" e o comovente "Adeus") a história do grande deslumbramento e da grande amargura de sua vida. Tampouco se deve excluir que, sabendo-se às vésperas da morte e imaginando que *Os escravos* seria, mais cedo ou mais tarde, publicado, tenha considerado mais urgente preservar em livro alguns daqueles numerosos poemas que, alheios ao tema da escravidão, corriam o país, nem sempre na versão correta, e que podiam confundir-se com os de seus imitadores. Pois Castro Alves, aos 22 anos, já era copiado, e muito copiado, de norte a sul do país.

As casas de família, na época, tinham poucos livros, quando os tinham. Era rara, no entanto, aquela em que as moças ou as senhoras não possuíam um álbum encadernado em tecido ou couro (alguns deles com fechadura e chave), no qual não só os poetas, mas também os amigos, escreviam versos. Os de Castro Alves estavam em todos ou quase todos esses álbuns.

Também não havia sarau em que seus poemas não fossem declamados. O poeta sabia que era assim que eles ganhavam o mundo: mais da boca para os ouvidos que da página escrita para os olhos. E os escreveu para serem decorados e recitados. Na maioria deles, tudo ajuda a memorização: os estribilhos, as repetições, os refrões, a insistência na redondilha maior, as rimas agudas, o mesmo verso a terminar todas as estrofes, ou o último verso de uma quadra ou uma quintilha a repetir-se como o primeiro da seguinte. Como neste trecho de "Tragédia no lar", quando põe a cantar uma africana:

Eu sou como a garça triste
Que mora à beira do rio,
As orvalhadas da noite
Me fazem tremer de frio.

Me fazem tremer de frio
Como os juncos da lagoa;
Feliz da araponga errante
Que é livre, que livre voa.

Que é livre, que livre voa
Para as bandas do seu ninho,
E nas braúnas à tarde
Canta longe do caminho.

Canta longe do caminho
Por onde o vaqueiro trilha,
Se quer descansar as asas
Tem a palmeira, a baunilha.

Tem a palmeira, a baunilha,
Tem o brejo, a lavadeira,
Tem as campinas, as flores,
Tem a relva, a trepadeira.

Tem a relva, a trepadeira,
Todos têm os seus amores,
Eu não tenho mãe nem filhos,
Nem irmão, nem lar, nem flores.

Nas páginas de um desses álbuns, que as moças e as senhoras guardavam com carinho, ele escreveu mais de um poema, e um deles, de extrema delicadeza: "A cestinha de costura", que começa assim:

Não quero panteons não quero mármores
Não sonho a Eternidade fria, escura...
Minha glória ideal é o quente abrigo
De uma pequena cesta de costura.

E assim termina:

Nesse ninho de fitas e de rendas...
No perfume sutil da formosura...
Vão meus versos viver de aroma e risos
Entre as flores da cesta de costura.

E quando descuidada mergulhares
Esta mão pequenina, santa e pura,
Possam eles beijar teus níveos dedos,
Escondidos na cesta de costura.

O álbum pequenino em que ficaram esses versos pertencia a uma jovem baiana, da mesma idade do poeta, Brasília Vieira. Os dois tiveram um curto romance, de encontros em festas e saraus, após o regresso de Antônio de Curralinho. O namoro não passou de um interlúdio entre o encantamento com Leonídia Fraga e a sua segunda e última grande iluminação amorosa: Iginia Agnese Trinci Murri.

Mais sérios, embora igualmente passageiros, podem ter sido os vínculos amorosos que teria estabelecido, pela mesma época, com uma viúva, Virgínia Hugo Coutinho de Castro, que morava perto de sua casa. Dizem que o poeta ia vê-la, durante os seus longos passeios a cavalo, e que com ela teria tido uma filha, nascida três meses depois de sua morte. A criança foi batizada com o mesmo nome da mãe, Virgínia, tendo por padrinho o dr. Antônio Franco Meireles, que fora o tutor dos irmãos de Castro Alves.

Ao ser revelada, dez anos mais tarde, a existência da suposta filha do poeta, a família reagiu indignada. Augusto Álvares Guimarães, casado com Adelaide, argumentou que, embora fosse o maior amigo de Castro Alves, este jamais lhe confidenciara, nem a ninguém da família, ter uma filha. O argumento não resolvia a questão, porque o período de gravidez da viúva coincidiu com a piora do estado de saúde e a morte do poeta. E este pode perfeitamente jamais ter sabido que ia ser pai. Nunca se conhecerá a verdade. O que não se ignora é que a menina, até o casamento, assinou-se Virgínia Hilda de Castro Alves.

Se o poeta teve realmente um envolvimento com a viúva, este se deu na mesma época em que se encantou com Brasília Vieira e começou a voltar-se apaixonadamente para Iginia Agnese Trinci Murri. Castro Alves era capaz de enamorar-se por várias mulheres num só momento, e entre elas dividir o fascínio e o afeto. Fora assim com as irmãs Amzalack, com as três moças que cuidaram dele na casa de Luís Cornélio dos Santos, e talvez assim também tenha sido durante os meses que se escoaram entre seu regresso de Curralinho e sua morte. Estava muito enfermo, e tinha consciência da gravidade de seu estado, mas apesar disso continuou a ter uma vida amorosa. Ou a buscar tê-la, no caso de Iginia Agnese Trinci Murri, como se amar fosse agarrar-se à vida.

Agnese era de Florença. Soprano ligeiro, viera para Salvador com uma companhia lírica. Estava casada com um italiano, que praticamente a abandonara. Homem de negócios, vivia a viajar mundo afora e não lhe mandava notícias. Sentindo-se bem na Bahia, Agnese ficou na cidade, ganhando a vida como professora de canto e piano. Antônio talvez a tenha conhecido no palacete do Sodré, pois ela dava aulas às suas irmãs. Ou no teatro. Ou num daqueles saraus que ambos freqüentavam. Ouviu-a cantar e foi seduzido por sua voz — "sã, embora fraca", na opinião de Machado de Assis, que a viu atuar no Rio de Janeiro, "com certa graça e conhecimento de cena" — e por sua beleza de mulher: alta, muito branca, de cabelos quase negros. Apaixonou-se por ela a ponto de julgar-se, romanticamente, um Lázaro — chamou-se assim em "Versos para música", um dos vários poemas que lhe dedicou —, um Lázaro que, após os dilaceramentos causados por Eugênia Câmara, ressuscitava para o amor.

Agnese guardava os versos que ele lhe mandava. E lhe tinha carinho. Talvez já soubesse então que o amava, talvez só tenha tido certeza disso muito mais tarde. Mas conservou-se a uma discreta distância afetiva, como convinha a uma senhora casada, ainda que sem marido. Certa vez, quando, sozinho com ela no salão de casa, Antônio tentou beijá-la, Agnese reagiu, dizendo-lhe: "Mulher beijada, mulher desonrada".

Castro Alves não estava acostumado a isso, a que as mulheres dele se guardassem, e os poemas que dirigiu a Agnese revelam essa frustração. São quase todos trabalhos menores, que mostram um poeta cansado. Às vezes, como se tivesse crescente dificuldade para respirar, não logra manter a intensidade do poema até o fim. É esse o caso de "Remorsos", escrito, ao que consta, logo após Agnese lhe ter recusado um beijo. O poema começa bem, muitíssimo bem, com três estrofes, a primeira, a segunda e a quarta de alto poder visual, todas tendo por primeiro e último versos uma pergunta repetida. Na primeira, o poeta nos faz cúmplices de seu voyeurismo, põe-nos nas pontas dos pés, a fim de que possamos espiar melhor, na intimidade do quarto, a moça que começa a despir-se:

Em que pensa Carlota após a valsa,
    No tapete
Atirando o bournous quando descalça...
Ou melhor... quando rompe a luva, a fita,
    Se a presilha, o colchete,
Em leve resistência a mão lhe irrita...
Em que pensa Carlota após a valsa?

A segunda estrofe é bela, mas não possui a força erótica da primeira, porque, ao contrário do que esperava o voyeur, não lhe dá continuidade:

Em que sonha Carlota à madrugada,
    Quando aperta
Ao travesseiro a boca perfumada.
E afoga o seio sob a cruz de prata,
    Pela camisa aberta,
Que um movimento lânguido desata...
Em que sonha Carlota à madrugada?

Na passagem seguinte, o poeta pergunta "com quem fala Carlota ao sol poente", antes de chegar a uma nova interrogação:

Por que chora Carlota ao meio-dia,
    Quando nua de adorno,
Cobrindo os pés... co'a trança luzidia,
Entrega o corpo ao vacilar da rede,
    E olhando o campo morno,
Os lábios morde... p'ra matar a sede.
Por que chora Carlota ao meio-dia?

A partir daí, o poema começa de certo modo a esgarçar-se, com versos convencionais, até chegar à conclusão de que Carlota cisma, sente e chora de remorsos por ter negado um beijo.

Esses versos foram escritos em 31 de maio de 1871. As forças ajuntadas por Castro Alves nos seis meses de sertão já se esvaíam. A febre quase não o largava, e tornavam-se mais freqüentes e mais intensos os suores e as crises de dispnéia e tosse. Seria impensável agora repetir o que fizera três meses e meio antes: declamar em público, ainda que pela última vez. Mas isso se deu na tarde de 10 de fevereiro, na Associação Comercial da Bahia, durante um ato em benefício das crianças que a guerra franco-prussiana deixara a passar fome. O poema que então disse, "No 'Meeting du Comité du Pain'", é uma peça eloqüente, cheia de interjeições, mas lhe faltam a exuberância verbal, o colorido e a grandeza a que Castro Alves nos acostumara em seus poemas de comício. Não o sentiu assim a audiência. Entre aplausos, o poeta foi levado em triunfo até o palacete do Sodré.

Bem mais importante é uma peça em prosa, a "Carta às senhoras baianas", publicada no número de 30 de abril de O *abolicionista*, na qual se pedem donativos para um leilão que a Sociedade Abolicionista 7 de Setembro realizaria em benefício da emancipação dos escravos. O poeta estava cada dia pior, sentia-se morrer, mas não abandonava o grande compromisso de sua vida. Ainda encontrara forças para escrever essa carta, na qual pedia pela libertação dos escravos. Nela, mostrava que continuava a ver longe e sempre à frente de seu tempo, pois, após fazer o elogio das mulheres e recordar-lhes que o continente americano era a "pátria das utopias", a "região criada para a realização de todos os sonhos de liberdade", saiu em defesa da participação da mulher na política e do voto feminino: "A terra, que realizou a emancipação dos homens, há de realizar a emancipação da mulher. A terra, que fez o sufrágio universal, não tem direito de recusar o voto de metade da América. E este voto é vosso".

Não eram, essas, palavras que se costumassem ler ou ouvir, com aprovação, na Bahia daqueles tempos. Nem no resto do Brasil. Mas os direitos femininos deviam estar, desde muito, entre as preocupações do poeta, que no seu exame do fim do terceiro ano, no largo de São Francisco, atacara o poder marital, como uma forma de opressão da mulher, e defendera a igualdade dos cônjuges.

Já quase não saía de casa. Ficava a ler e a desenhar. Ou a ouvir sua irmã Adelaide tocar piano. Mas deve ter vivido um momento de intensa alegria ao saber que o visconde do Rio Branco apresentara à Câmara o projeto sobre a Reforma do Elemento Servil, no qual se previa que os filhos das escravas nasceriam livres, se criava um fundo de emancipação, se reconhecia o direito do escravo de formar um pecúlio para comprar a liberdade e se assegurava o seu direito à alforria, se proibia a separação dos cônjuges e se libertavam os escravos que pertenciam ao Estado e os de usufruto da Coroa.

Os meses de junho costumam, em Salvador, ser úmidos e chuvosos. Este lhe pareceu ainda mais. Dormia com dificuldade, com muitos travesseiros, quase sentado. Na noite de 22, foi pela última vez ao teatro, como a despedir-se de uma das grandes paixões de sua vida.

No dia 29, não conseguiu mais levantar-se. Pediu que levassem a cama para o salão onde passava os dias. Que a pusessem junto da janela, a fim de poder olhar o céu.

À noite, como ocorrera tantas vezes, quando de suas estadas no solar do Sodré (e até mesmo durante os saraus literomusicais que promovera, ao regressar, em setembro, a Salvador), Antônio talvez ouvisse os batuques que saíam das casas de cômodos ocupadas na vizinhança por africanos, que nelas exerciam seus ritos religiosos, conforme denúncia do jornal

O Alabama, de 6 de maio de 1869. Imóvel no seu leito, a olhar o céu e a ouvir os tambores com que os escravos e os ex-escravos falavam aos deuses, o poeta dizia lentamente adeus à vida.

Agnese quis ir vê-lo. Antônio implorou à irmã que não a deixasse entrar: "Não! Não a deixe entrar... Ela mais do que ninguém não deve guardar de mim uma lembrança de ruína. Que me recorde como sempre me viu, como me reconheceu... Não. Não a deixe entrar".

Foi Adelaide quem nos deixou esse relato, assim como outros, sobre os últimos dias do poeta. "Na véspera de morrer", ela escreve, "à noite, perguntando as horas e se lhe respondendo: 'É meia noite', suspirou dizendo: 'Será possível, meu Deus, ainda um dia de dor?...'."

Pelas dez da manhã de 6 de julho, recebeu os últimos sacramentos, ministrados pelo seu velho professor de latim no Ginásio Baiano, o padre Tertuliano Fiúza. Em nenhum momento, nas horas que se seguiram, perdeu a lucidez. "Numa das ocasiões" em que a irmã, "angustiada, lhe passava o lenço pela fronte umedecida, ele com voz extinta quase, mas repassada de meiguice, murmurou-lhe: 'Guarda este lenço... com ele enxugaste o suor de minha agonia...'."

Esta, continua Adelaide, "foi sem grandes ânsias nem estertores. Imóvel já, o olhar fito nessa nesga do céu que se descortinava da janela aberta em frente ao leito em que jazia — pouco a pouco a luz desse olhar foi amortecendo, até de todo difundir-se nas sombras da Eternidade... Eram três e meia horas [...] da tarde".

O sepultamento foi no dia seguinte, 7 de julho. No cemitério do Campo Santo. Três anos mais tarde, os seus restos foram recolhidos ao mesmo mausoléu onde jaziam as cinzas do traficante de escravos Francisco Lopes Guimarães. E lá ficaram quase cem anos, até as vésperas de 6 de julho de 1971, quando foram levados para a base do monumento, na praça que, em Salvador, tem o seu nome.

24. Soma

Entre 25 de janeiro de 1862, data em que Castro Alves tomou o navio para ir estudar no Recife, e 6 de julho de 1871, dia de sua morte, transcorreram apenas nove anos, cinco meses e alguns dias. Descontem-se aqueles em que foi obrigado a guardar repouso pela doença que o oprimiu desde os seus dezesseis anos, e o tempo que sobra é pouco.

    Nisso não destoou dos poetas que imediatamente o antecederam. No Brasil daquela época, quase se esperava que um poeta morresse jovem. E os românticos cumpriram o vaticínio. Francisco Bernardino Ribeiro foi-se aos 22 anos; Dutra e Melo também; Álvares de Azevedo, antes de completar 21; Junqueira Freire, aos 22 e meio; e Casimiro de Abreu, com quase 22. Alguns viveram um pouco mais: Aureliano Lessa, 33 anos; Fagundes Varela e Laurindo Rabelo, 34; Paulo Eiró, 35, dos quais o último lustro num hospício. Poucos passaram dos quarenta, como Gonçalves Dias, que morreu com 41, num naufrágio.

O que é extraordinário é que em tão pouco tempo esses poetas tenham escrito tanto, e que tenham, alguns daqueles que não chegaram sequer aos 25 anos, sido famosos em sua época e influenciado tão fortemente os seus contemporâneos, como foi o caso de Álvares de Azevedo e, mais ainda, o de Castro Alves. Os livros tinham edições pequenas — algumas poucas centenas de exemplares —, e eram mal distribuídos. Mas os jornais abriam um bom espaço para as criações literárias, e os versos ganhavam o mundo, recitados nos saraus, nas academias e nas escolas.

Muito antes de aparecerem em livro, os poemas de Castro Alves já eram nacionalmente conhecidos, sabidos de cor e até imitados. Após sua morte, com a publicação de *Os escravos* e *A cachoeira de Paulo Afonso*, cresceu a lenda do belo poeta que morrera tão jovem e que fora também um grande tribuno e um dos precursores da causa abolicionista.

Esta começara a conquistar adeptos, e cada vez mais numerosos, nos anos que se seguiram a 1870, até se transformar, uma década mais tarde, num movimento amplamente majoritário. Para sua propagação, muito contribuíram os poemas de Castro Alves. "O navio negreiro" e "Vozes d'África" eram de recitação quase obrigatória nas reuniões e comícios abolicionistas e nos serões nas casas dos simpatizantes. Ganharam o povo, os ex-escravos e até mesmo, quem sabe, alguns escravos, que nunca esqueceriam o poeta. Um sinal dessa devoção: em Lagos, na casa de uma *agudá*, ou "brasileira", descendente de libertos que retornaram no fim do século XIX à Nigéria, havia em 1980, e provavelmente ainda existe, guardado com carinho, quase como um livro santo, um exemplar da primeira edição de *Espumas flutuantes*, que seu antepassado trouxera do Brasil com o que tinha mais junto de seu coração.

Vários críticos têm apontado que o tema abolicionista não é predominante na obra de Castro Alves e que forma uma parte relativamente pequena de seu conjunto. O poeta público não teria escrito tantos versos quanto o poeta lírico, o que é verdade. Mas o número de poemas sociais, sobretudo abolicionistas, não é reduzido e acompanha todo o breve percurso criador do poeta. Embora alguns dos 34 trechos de A *cachoeira de Paulo Afonso* possam ser considerados como celebrações da natureza, o poema foi concebido como antiescravocrata; e dos 34 poemas de *Os escravos*, 26 são claramente de cunho abolicionista. Numa obra que não soma duzentos poemas, o assunto não era, portanto, secundário. Qualquer poeta com uma produção muito mais numerosa que a de Castro Alves e que tivesse cinqüenta poemas dedicados ao mesmo tema teria esse tema considerado como central em sua obra. Além disso, no caso de Castro Alves, seus dois trabalhos mais ambiciosos e que os leitores logo identificam com seu nome são "O navio negreiro" e "Vozes d'África".

Duas ou três gerações mais tarde, haveria quem reclamasse do abuso de pontos de exclamação, reticências, píncaros e condores nos poemas de Castro Alves, e lamentasse que, sendo ele um mestre da descrição da natureza brasileira, recorresse tantas vezes aos Andes, que jamais vira, e deixasse de lado a serra do Aporá, que azulara o horizonte de sua infância em Curralinho. Ao ler-se toda a obra do poeta, vê-se que a acusação só parcialmente pode pretender ser justa, já que muitos de seus poemas foram escritos em linguagem simples, corriqueira, quase popular, a descrever o que ele tinha diante dos olhos. Ademais, forçoso é lembrar que os poetas românticos precisavam de altitudes e de abismos — e Castro Alves foi um poeta romântico. O seu comportamento não se distingue do de quase todos os escritores, desde sempre: rendeu-se aos temas, aos tropos, às metáforas e ao vocabulário de seu tempo.

Muitas das expressões que se empregavam, naquela época, de forma nova e carregada de emoção foram-se desgastando, ao ser repetidas e copiadas. A imagem original tornou-se chavão. E as palavras, por repisadas, fizeram-se ocas. Mas, num grande poeta — e este é o caso de Castro Alves —, algumas palavras e metáforas desbotadas não chegam a comprometer a força de sua linguagem, a sua originalidade e riqueza verbal, nem a autenticidade de sua expressão. Por isso, no correr do tempo, reaparece quase limpo o que, sendo, na época, original, se transformara em lugar-comum, e a este vemos, algumas vezes, como as sobrecasacas e os vestidos de anquinhas em fotografias antigas: colado aos dias em que surgiu o poema.

O que era de então, é de hoje e será de sempre é o deslumbramento diante do vigor de seu verbo, da sua capacidade de descrever, mitificando e emocionando. Castro Alves era capaz de feminilizar sensualmente a natureza, de erotizá-la. E também de dar feição animal a rochas, árvores, águas, fogo e ventos. Como nestes versos daquele trecho de *A cachoeira de Paulo Afonso* denominado "A queimada", no qual descreve um incêndio nas matas:

> *A floresta rugindo as comas curva...*
> *As asas foscas o gavião recurva,*
>   *Espantado a gritar.*
> *O estampido estupendo das queimadas*
> *Se enrola de quebradas em quebradas,*
>   *Galopando no ar.*
>
> *E a chama lavra qual jibóia informe,*
> *Que, no espaço vibrando a cauda enorme,*
>   *Ferra os dentes no chão...*
> *Nas rubras roscas estortega as matas...,*
> *Que espadanam o sangue das cascatas*
>   *Do roto coração!...*

O incêndio — leão ruivo, ensangüentado,
A juba, a crina atira desgrenhado
    Aos pampeiros dos céus!...
Travou-se o pugilato... e o cedro tomba...
Queimado..., retorcendo na hecatomba
    Os braços para Deus.

A queimada! A queimada é uma fornalha!
A irara — pula; o cascavel — chocalha...
    Raiva, espuma o tapir!
...E às vezes sobre o cume de um rochedo
A corça e o tigre — náufragos do medo —
    Vão trêmulos se unir!

Quando Castro Alves metaforiza a natureza, esta jamais se torna inautêntica, porque o poeta manteve com ela, ao longo da vida, um contato direto, atento e sensível. Ele transforma a paisagem, mas continuamos a vê-la sob a nova vestimenta, e a nela sentir a umidade das águas e o calor do sol ou das chamas. O cão com que ia caçar pôs de verdade, mais de uma vez, a cabeça em seus joelhos, e, porque assim foi, o verso em que isso nos diz é verdadeiro. Se em algum poema tivesse descrito um sapoti, suas palavras nos devolveriam o sabor arenoso da fruta. Por estar firmemente ancorado na realidade, Castro Alves podia cumprir sua tarefa de poeta e refazê-la em símbolo e sonho.

Foi ele um poeta visual — o que seria de esperar-se num desenhador infatigável. Estava à vontade não apenas diante de grandes muros ou retábulos, e com pincéis largos, mas também frente a uma pequena tela num cavalete, que pintava em miúdo e com delicadeza, como se pode ver em "A cestinha de costura", e sem esconder a sensualidade, como em "Boa-noite", "O laço de fita", "Adormecida" e "Remorsos". Pois

Castro Alves era um sensual, e em sua poesia a sensualidade é freqüentemente forte, desbordante e, em alguns momentos, até mesmo agressiva.

Grande conquistador, incapaz de ficar indiferente a uma presença feminina, via-se quase sempre no papel de conquistado. Amava o amor. E parecia ser para ele inconcebível passar um só dia sem viver um afeto. Em nove anos, acarinhou-se por ainda mais mulheres do que aquelas de que temos a conta: a morena da Soledade, Leonídia, Idalina, as três irmãs Amzalack, Eugênia, Sinhazinha, Eulália, Maria Cândida, Dendém, Virgínia, Brasília, Agnese, e aquela misteriosa Inês do poema "A uma estrangeira", de quem se teria enamorado quando, já muito enfermo, viajava do Rio de Janeiro para Salvador. Foi tempestuoso o seu amor por Eugênia Câmara. De suas relações com a morena da Soledade, com Virgínia e com Idalina, pouco sabemos, exceto, no caso desta última, que passou meses serenos com ela antes do rompimento. As demais ficaram provavelmente no plano da mútua adoração ou do encantamento do poeta.

Pintando largo ou fino, foi um mestre do cromatismo. E não só pela combinação de palavras que denotavam a presença de cores, mas também pelo domínio da claridade e da sombra das consoantes e das vogais. E, porque tinha esse domínio, o seu verso era musicalíssimo, lento ou apressado, breve ou longo, conforme pedia o tema e queria a voz. A sua voz. Uma voz cuja beleza os que a ouviram nos teatros e nos comícios jamais esqueceram. Uma voz que, ao recitar poemas líricos nos saraus, seria certamente mais baixa, mais contida, porém sempre expressiva e sonorosa.

Quando declamava para o grande público, os assistentes tinham "arrepios de assombro", diz Carlos Ferreira, nele vendo "mais um semideus do que um poeta". Talvez tenha sido o maior tribuno da segunda metade do século XIX, época de grandes oradores, a época de Joaquim Nabuco, Rui Barbosa, José do Patrocínio, Silva Jardim e Barbosa Lima. Diferentemente deles, tinha a vantagem de falar em versos e com seus versos ir direto à alma dos ouvintes, e comovê-los.

Quando Castro Alves começou a publicar e a dizer poemas abolicionistas, a sensibilidade do público se dobrava à qualidade de seus versos, mas não, provavelmente, ao peso de suas idéias. A maioria da platéia devia considerá-las esdrúxulas, extravagâncias de poeta, e dificilmente se via a imaginar um país sem escravos. A escravidão era um fato normal da vida, estava ali para sempre. Naqueles anos 60, era possível contar, entre políticos e intelectuais, os que a ela se opunham ou sonhavam com a sua extinção: Silveira da Mota, Tavares Bastos, Manoel Francisco Corrêa, Perdigão Malheiro, o visconde de Jequitinhonha, o marquês de São Vicente, Nabuco de Araújo, o jovem Rui Barbosa e mais uns poucos, muito poucos. É poema após poema que Castro Alves vai conquistando a juventude para a sua causa, ele, que foi dos primeiros de sua geração a abraçá-la, e de forma completa, radical, sem concessões. Não aceitava um processo paulatino da extinção da iniqüidade: queria liquidá-la imediatamente, sem condições nem reparações financeiras para os senhores de escravos, cujo direito de propriedade sobre seres humanos considerava um absurdo.

Os seus poemas lhe prolongaram a ação política. Morto na carne, o tribuno continuava, por meio deles, a dirigir-se ao povo, a conquistar sua atenção, a emocioná-lo, a convencê-lo. Aos olhos de hoje, muitos de seus versos abolicionistas perderam a carga emocional, transformaram-se em peças de sabor histórico, em testemunhos — e valem como isso. Mas outros, não. "O vidente", por exemplo, não deixou de comover-nos. E poemas como "O navio negreiro" e "Vozes d'África" insistem, mesmo quando os lemos silenciosamente, a falar em voz alta dentro de nós. Podemos, por isso, imaginar o impacto que continuaram a ter sobre o povo nas duas décadas que se seguiram à morte de Castro Alves, ainda que não mais os pudesse dizer pessoalmente o belo rapaz, de bela voz e de belos gestos, que magnetizava as audiências.

Mais que muitos comícios, e discursos parlamentares, e polêmicas, e artigos em jornal, os poemas de Castro Alves contribuíram para ganhar adeptos para a causa abolicionista. Eles continuaram a ser parte importante da campanha até o fim, até o 13 de Maio, de tal modo que não se tem um quadro completo do abolicionismo sem a presença daquele que foi chamado "o poeta dos escravos". Foi dos primeiros a se engajarem na luta, e dela não se apartou nem mesmo depois da morte.

O povo guardou memória disso. E mais ainda: fez do jovem baiano o paradigma do poeta. Na visão popular, durante muito tempo, e em alguns lugares até hoje, um poeta é um rapaz magro, de basta cabeleira ondulada, rosto pálido, olhos brilhantes, voz sonora, mãos longas e gestos amplos. À imagem e semelhança de Antônio Frederico de Castro Alves.

Cronologia

1847 14 de março: nasce Antônio Frederico de Castro Alves, na fazenda Cabaceiras, a sete léguas de Nossa Senhora de Conceição de Curralinho (hoje Castro Alves), na Bahia, filho de d. Clélia de Castro Alves e do dr. Antônio José Alves.
A família de Castro Alves, após passagem por Muritiba, muda-se para São Félix, onde Antônio aprende as primeiras letras.

1854 Transferência para Salvador.

1856 O menino Antônio ingressa no Colégio São João.

1858 A família adquire a quinta da Boa Vista e se muda para lá. Antônio ingressa no Ginásio Baiano.

1859 Falece d. Clélia, mãe de Antônio.

1860 9 de setembro: Antônio recita seus primeiros versos, em festa no Ginásio Baiano.

1862 24 de janeiro: casamento do dr. Antônio José Alves com a viúva Maria Ramos Guimarães.

25 de janeiro: partida de Antônio e seu irmão José Antônio para o Recife.

O dr. Antônio José Alves muda-se com os filhos para o solar do Sodré.

1863 Março: Antônio submete-se a prova para ingresso na faculdade de direito e é reprovado.

Eugênia Câmara apresenta-se no Teatro Santa Isabel.

17 de maio: Castro Alves publica no primeiro número de A *Primavera* o seu primeiro poema contra a escravidão, "A canção do africano".

A tuberculose se manifesta: Castro Alves tem uma hemoptise.

1864 Fevereiro: suicida-se, em Curralinho, seu irmão José Antônio.

Castro Alves matricula-se no primeiro ano da Faculdade de Direito do Recife.

Outubro: Castro Alves viaja para a Bahia.

1865 18 de março: retorna ao Recife, acompanhado por Fagundes Varela.

10 de agosto: declama "O século" na faculdade de direito. Liga-se a Idalina.

19 de agosto: alista-se no Batalhão Acadêmico de Voluntários para a Guerra do Paraguai.

16 de dezembro: volta a Salvador, com Fagundes Varela.

1866 23 de janeiro: falecimento do dr. Antônio José Alves.

Volta ao Recife e se matricula no segundo ano da faculdade.

Funda, com Rui Barbosa e outros amigos, uma sociedade abolicionista.

Torna-se amante de Eugênia Câmara.

Termina a sua peça *Gonzaga ou A revolução de Minas*.

29 de maio: acompanhado por Eugênia Câmara, parte para Salvador.

7 de setembro: estréia de *Gonzaga*, no Teatro São João. Castro Alves é coroado e conduzido em triunfo.

1868 8 de fevereiro: embarca para o Rio de Janeiro, na companhia de Eugênia Câmara.

É recebido por José de Alencar e visitado por Machado de Assis. Troca de cartas entre ambos, pela imprensa, com grandes elogios ao poeta.

12 de março: viaja com Eugênia Câmara para São Paulo. Matricula-se no terceiro ano do curso jurídico em São Paulo.

7 de setembro: apresentação pública de "Tragédia no mar", que depois ganharia o nome de "O navio negreiro".

25 de outubro: representação de *Gonzaga* no Teatro São José.

Desfaz-se a ligação do poeta com Eugênia Câmara.

Castro Alves é aprovado nos exames da faculdade de direito.

11 de novembro: Castro Alves fere-se no pé, durante uma caçada.

1869 Março: matricula-se no quarto ano do curso jurídico.

20 de maio: tendo piorado o seu estado de saúde, viaja para o Rio de Janeiro.

Junho: amputação do pé.

31 de outubro: assiste a uma representação, no Teatro Fênix Dramática, de Eugênia Câmara. É a última vez que vê a atriz.

25 de novembro: viaja para Salvador.

1870 Fevereiro: segue para Curralinho, no intuito de melhorar da tuberculose, que se agravara.

Setembro: volta para Salvador.

Outubro: leitura de *A cachoeira de Paulo Afonso* para um grupo de amigos.

Lançamento de *Espumas flutuantes*.

1871 10 de fevereiro: última aparição em público, numa récita em benefício das vítimas da guerra franco-prussiana. 6 de julho: Castro Alves morre às três e meia da tarde, no solar do Sodré.

Leituras complementares

Fechado este livro, o leitor deve correr para os poemas de Castro Alves. Há várias edições de suas *Obras completas*, desde a de Manuel Said Ali, de 1898, passando pela famosa de Afrânio Peixoto, de 1921, com numerosas reedições, e pelas *Poesias completas*, preparadas por Jamil Almansur Haddad em 1952, até a *Obra completa*, de 1960, organizada, prefaciada e anotada por Eugênio Gomes, um trabalho exemplar que, várias vezes reimpresso, ainda está nas livrarias.

Uma das mais antigas biografias do poeta é a de Múcio Teixeira, *Vida e obra de Castro Alves*, publicada na Bahia em 1896; mas aquela na qual beberam todas as que vieram depois é a de Xavier Marques, *Vida de Castro Alves*, de 1911. *Castro Alves, o poeta e o poema*, de Afrânio Peixoto, e *Castro Alves, o homem e a obra*, de Pedro Calmon, são textos fundamentais, e a eles convém acrescentar os três volumes de *Castro Alves*, de Lopes Rodrigues, os três tomos da *Revisão de Castro Alves*, de Jamil Almansur Haddad, e *Castro Alves e sua época*, de Heitor Ferreira Lima. Se o leitor desejar uma biografia romanceada, Jorge Amado escreveu uma, cheia de emoção, *ABC de Castro Alves*.

Os seus anos de estudante no Recife foram recordados por Alfredo de Carvalho em "Castro Alves em Pernambuco", um trabalho interessantíssimo publicado em 1907 em *Estudos Pernambucanos*. Sobre as relações entre "Das Sklavenschiff", de Heine, o poema de Béranger e "O navio negreiro", há um agudo ensaio de Augusto Meyer, "Três navios negreiros", incluído em *Os pêssegos verdes*. M. Cavalcanti Proença tratou da influência da poesia popular sobre Castro Alves num instigante estudo, "O cantador Castro Alves", inserido em *Augusto dos Anjos e outros ensaios*. E sobre um de seus amores, Myriam Fraga escreveu um belo livro, *Leonídia, a musa infeliz do poeta Castro Alves*.

Não caberia numa nota curta, como deve ser esta, o número enorme de trabalhos de interpretação e crítica da poesia de Castro Alves. É difícil encontrar um grande estudioso da literatura brasileira que sobre ela não tenha escrito. Dela trataram, por exemplo, José Veríssimo, João Ribeiro, Alberto de Oliveira, Artur Mota, Andrade Muricy, Ronald de Carvalho, Tristão de Athayde, Rosário Fusco, Sérgio Milliet, Antonio Candido, Nelson Werneck Sodré, Wilson Martins, José Guilherme Merquior, Alfredo Bosi e Massaud Moisés. Alguns a puseram nas alturas, como Rui Barbosa, em *Elogio do poeta*, e Agripino Grieco e Manuel Bandeira, que escreveram a respeito várias vezes, e não só em *Vivos e mortos* e na *Evolução da poesia brasileira*, do primeiro, e na *Apresentação da poesia brasileira*, do segundo. Bandeira, que via no poeta baiano "a maior força verbal e a inspiração mais generosa de toda a poesia brasileira", é autor de um pequeno e inteligentíssimo artigo, "Um poema de Castro Alves", incluído em *De poetas e de poesia*, sobre a composição de "Mocidade e morte". São muito importantes os vários trabalhos de Fausto Cunha sobre Castro Alves, sobretudo os incluídos em *O romantismo no Brasil: de Castro Alves a Souzândrade*; e merece relevo o de Antônio de Pádua, *Aspectos estilísticos da poesia de Castro Alves*.

Outros não a entenderam, como Joaquim Nabuco, em *Castro Alves*, e Euclides da Cunha, em *Castro Alves e o seu tempo*, que louvaram o homem e diminuíram o poeta; ou a menosprezaram, como Sílvio Romero, na sua *História da literatura brasileira*, e Mário de Andrade, em *Aspectos da literatura brasileira*. Num livro recente, *A segunda morte de Castro Alves*, Mário Maestri fez o inventário dessas incompreensões. A história dos julgamentos a que foi submetida a obra de Castro Alves pode ser rastreada em *A crítica literária no Brasil*, de Wilson Martins.

Bibliografia

ALENCAR, José de. "Um poeta. Carta a Machado de Assis". In: ——. *Obra completa*, vol. IV. Rio de Janeiro: Aguilar, 1959.
ALVES, Castro. *Obras completas*. Org. por Afrânio Peixoto. 3ª ed. São Paulo: Companhia Editora Nacional, 1944 (1ª ed. 1921).
——. *Obra completa*. Org. por Eugênio Gomes. Rio de Janeiro: Editora Nova Aguilar, 1960.
——. *Poesias completas*. Org. por Jamil Almansur Haddad. 3ª ed. São Paulo: Companhia Editora Nacional, 1959.
AMADO, Jorge. *ABC de Castro Alves*. 9ª ed. São Paulo: Martins, 1961.
ANDRADE, Mário de. "Castro Alves". In: *Aspectos da literatura brasileira*. Rio de Janeiro: Americ-Edit., 1943.
ASSIS, Machado de. "Resposta a José de Alencar". In: ——. *Obra completa*. Org. por Afrânio Coutinho. 3ª ed., vol. III. Rio de Janeiro: Aguilar, 1973.
ATHAYDE, Tristão de. *Estudos*, vol. IV. Rio de Janeiro: Centro D. Vital, 1930; vol. V. Rio de Janeiro: Civilização Brasileira, 1935.
AZEVEDO, Fernando de. "A poesia social no Brasil". In: *Ensaios*. São Paulo: Melhoramentos, 1929.
BANDEIRA, Manuel. *Apresentação da poesia brasileira*. Rio de Janeiro: Casa do Estudante do Brasil, 1944.

BANDEIRA, Manuel. "Um poema de Castro Alves". In: *De poetas e de poesia*. Rio de Janeiro: Ministério da Educação e Cultura, 1954.

BARBOSA, Rui. *Elogio do poeta*. Salvador: Tipografia do Diário da Bahia, 1881.

BARROS, Jaime de. *Poetas do Brasil*. Rio de Janeiro: José Olympio, 1944.

BESOUCHET, Lídia. *Pedro II e o século XIX*. 2ª ed. Rio de Janeiro: Nova Fronteira, 1993.

BEVILÁQUA, Clóvis. *História da Faculdade de Direito do Recife*. 2ª ed. Brasília: Instituto Nacional do Livro, 1977 (1ª ed. 1927).

BOSI, Alfredo. *História concisa da literatura brasileira*. São Paulo: Cultrix, 1970.

CALMON, Pedro. *Castro Alves, o homem e a obra*. Rio de Janeiro: Livraria José Olympio Editora, 1973.

CANDIDO, Antonio. *Formação da literatura brasileira*. São Paulo: Martins, 1959.

——. "A literatura durante o Império". In: *História geral da civilização brasileira*. Direção de Sérgio Buarque de Holanda. Tomo II, vol. 3. *O Brasil monárquico*. São Paulo: Difusão Européia do Livro, 1967.

CARVALHO, Alfredo de. "Castro Alves em Pernambuco". In: *Estudos Pernambucanos*. Recife: Secretaria de Educação e Cultura, 1978 (ed. fac-similar da de 1907).

CARVALHO, José Murilo de. *A construção da ordem/ Teatro de sombras*. Rio de Janeiro: Civilização Brasileira, 2003.

CARVALHO, Ronald de. *Pequena história da literatura brasileira*. 5ª ed. Rio de Janeiro: Briguiet, 1935.

CAVALHEIRO, Edgar. Introdução a *Noite na taverna* e *Macário*, de Álvares de Azevedo. São Paulo: Martins, 1941.

CHEDIAK, Antônio José. *Castro Alves, Tragédia no mar (O navio negreiro)*. Rio de Janeiro: Academia Brasileira de Letras, 2000.

COSTA, Aramis Ribeiro. "Amores e musas de Castro Alves". *Revista da Academia de Letras da Bahia*, nº 46. Salvador, setembro de 2004.

CUNHA, Euclides da. *Castro Alves e seu tempo*. Rio de Janeiro: Imprensa Nacional, 1907.

CUNHA, Fausto. "Que povo fala nas 'Vozes d'África'?". *Correio da Manhã*. Rio de Janeiro, 1968.

——. *O romantismo no Brasil: de Castro Alves a Souzândrade*. Rio de Janeiro: Paz e Terra, 1971.

——. *Romantismo e modernidade na poesia*. Rio de Janeiro: Cátedra, 1988.

ELTIS, David. *Economic growth and the ending of the transatlantic slave trade*. Nova York: Oxford University Press, 1987.

FERREIRA, H. Lopes Rodrigues. *Castro Alves*, 3 vols. Rio de Janeiro: Pongetti, 1947.

FIGUEIREDO, Antônio Pedro de. "O Recife em 1857". In: *O Recife: quatro séculos de sua paisagem*. Org. por Mário Souto Maior e Leonardo Dantas Mota. Recife: Massangana, 1992.

FRAGA, Myriam. *Leonídia, a musa infeliz do poeta Castro Alves*. Salvador: Fundação Casa de Jorge Amado, 2002.

FREYRE, Gilberto. *Sobrados e mocambos: decadência do patriarcado rural e desenvolvimento do urbano*. 6ª ed. Rio de Janeiro: José Olympio, 1981.

FUSCO, Rosário. *Vida literária*. São Paulo: Panorama, 1940.

GOMES, Eugênio. "Castro Alves e o romantismo brasileiro". In: *Castro Alves. Obra completa*. Org. por Eugênio Gomes. Rio de Janeiro: Editora Nova Aguilar, 1960.

GRADEN, Dale T. "História e motivo em 'Saudação a Palmares', de Antônio Frederico de Castro Alves (1870)". In: *Estudos Afro-asiáticos*, nº 25. Rio de Janeiro, dezembro de 1993.

GRIECO, Agripino. "Castro Alves". In: *Vivos e mortos*. 2ª ed. Rio de Janeiro: José Olympio, 1947.

——. *Evolução da poesia brasileira*. 2ª ed. Rio de Janeiro: H. Antunes, s/d.

HADDAD, Jamil Almansur. *Revisão de Castro Alves*, 3 vols. São Paulo: Saraiva, 1953.

——. "A linguagem de *Espumas flutuantes*". In: *Castro Alves. Poesias completas*. 3ª ed. São Paulo: Companhia Editora Nacional, 1959.

IGLESIAS, Francisco. "Vida política, 1848-1866". In: *História geral da civilização brasileira*. Direção de Sérgio Buarque de Holanda. Tomo II, vol. 3. *O Brasil monárquico*. São Paulo: Difusão Européia do Livro, 1967.

KLEIN, Herbert S. *The Atlantic slave trade*. Cambridge: Cambridge University Press, 1999.

LIMA, Heitor Ferreira. *Castro Alves e sua época*. São Paulo: Saraiva, 1971.

MAESTRI, Mário. *A segunda morte de Castro Alves*. Passo Fundo: Universidade de Passo Fundo, 2000.

MAGALDI, Sábato. *Panorama do teatro brasileiro*. São Paulo: Difusão Européia do Livro, 1962.

MARQUES, Xavier. *Vida de Castro Alves*. Salvador: Tipografia Bahiana, de Cincinnato Melchiades, 1911.

MARTINS, Wilson. *História da inteligência brasileira*, 7 vols. São Paulo: Cultrix, 1976-9.

——. *A crítica literária no Brasil*, 2 vols. Rio de Janeiro/Curitiba: Francisco Alves/Imprensa Oficial do Paraná, 2002.

MATTOSO, Kátia M. de Queirós. *Bahia, século XIX: uma província no Império*. Rio de Janeiro: Nova Fronteira, 1992.

MERQUIOR, José Guilherme. *De Anchieta a Euclides*. Rio de Janeiro: José Olympio, 1977.

MEYER, Augusto. "Três navios negreiros". In: *Os pêssegos verdes*. Org. por Tânia Franco Carvalhal. Rio de Janeiro: Academia Brasileira de Letras, 2002.

MILLIET, Sérgio. *Diário crítico*, vol. I. São Paulo: Brasiliense, 1944; vol. II. São Paulo: Martins, 1945; vol. III. São Paulo: Martins, 1946.

MOISÉS, Massaud. *História da literatura brasileira*, vol. I. *Das origens ao romantismo*. 5ª ed. São Paulo: Cultrix, 2001.

MOTA, Artur. "Castro Alves". In: *Vultos e livros*. São Paulo: Monteiro Lobato, 1921.

MURICY, Andrade. "Castro Alves". In: *O suave convívio*. Rio de Janeiro: Anuário do Brasil, 1922.

NABUCO, Joaquim. *Castro Alves*. Rio de Janeiro: Tipografia da *Reforma*, 1873.

——. *Minha formação*. 13ª ed. Rio de Janeiro: Topbooks, 1999.

PÁDUA, Antônio de. *Aspectos estilísticos da poesia de Castro Alves*. Rio de Janeiro: Livraria São José, 1972.

PEIXOTO, Afrânio. "O maior poeta brasileiro". Prefácio a Castro Alves. *Obras completas*. Org. por Afrânio Peixoto. 3ª ed. São Paulo: Companhia Editora Nacional, 1944 (1ª ed. 1921).

——. *Breviário da Bahia*. Rio de Janeiro: Agir, 1945.

——. *Livro de horas*. Rio de Janeiro: Agir, 1947.

——. *Castro Alves, o poeta e o poema*. 5ª ed. São Paulo: Companhia Editora Nacional (Brasiliana), 1976.

POSTMA, Johannes. *The Atlantic slave trade*. Westport, Connecticut: Greenwood Press, 2003.

PROENÇA, M. Cavalcanti. "O cantador Castro Alves". In: *Augusto dos Anjos e outros ensaios*. Rio de Janeiro: José Olympio, 1959.

REIS, João José. "Domingos Pereira Sodré: um sacerdote nagô na Bahia oitocentista". Artigo inédito, Salvador, 2005.

RIBEIRO, João. "Castro Alves". In: *Notas de um estudante*. São Paulo: Monteiro Lobato, 1921.

ROMERO, Sílvio. *História da literatura brasileira*. 4ª ed. Org. por Nelson Romero. Tomo IV. Rio de Janeiro, 1949.

SCHWARCZ, Lilia Moritz. *As barbas do imperador: d. Pedro II, um monarca nos trópicos*. São Paulo: Companhia das Letras, 1998.

SETTE, Mário. *Arruar: história pitoresca do Recife Antigo*. 3ª ed. Recife: Secretaria de Educação e Cultura, 1978.

SILVA, Domingos Carvalho da. *A presença do condor*. Brasília: Clube de Poesia, 1974.

SODRÉ, Nelson Werneck. *História da literatura brasileira: seus fundamentos econômicos*. 2ª ed. Rio de Janeiro: José Olympio, 1940.

TEIXEIRA, Múcio. *Vida e obra de Castro Alves*. Salvador: Diário da Bahia, 1896.

VAINFAS, Ronaldo (org.). *Dicionário do Brasil imperial*. Rio de Janeiro: Objetiva, 2002.

VERGER, Pierre. "Influence du Brésil au golfe du Benin". In: *Les Afro-américains*. Dacar: Mémoires de l'Institut Français d'Afrique Noire, 1952.

——. *Fluxo e refluxo do tráfico de escravos entre o golfo do Benin e a Bahia de Todos os Santos, dos séculos XVII a XIX*. Tradução de Tasso Gadzanis. São Paulo: Editora Corrupio, 1987 (ed. francesa 1968).

——. *Notícias da Bahia — 1850*. Salvador: Corrupio, 1981.

VERÍSSIMO, José. "Castro Alves e o poema dos escravos". In: *Estudos Brasileiros*, 1ª série. Belém do Pará: Tavares Cardoso, 1889.

——. "Castro Alves". In: *Estudos de Literatura Brasileira*, 2ª série. Rio de Janeiro: H. Garnier, 1901.

——. *História da literatura brasileira*. Rio de Janeiro: Francisco Alves, 1916.

Índice onomástico

"A uma estrangeira", 178
Abreu, Casimiro de, 26, 77, 173
Adelaide (irmã de Castro Alves),
  11, 13, 14, 26, 49, 53, 152, 167,
  171, 172
"Adeus", 144-50, 164
"O 'adeus' de Teresa", 93, 132-3
"Adeus, meu canto", 43-5
"Adormecida", 137-8, 177
Alencar, José de, 77, 83-4, 84,
  85, 87
Alves, Antônio José, 9, 11, 12, 11-2,
  12-3, 14, 19, 25, 27, 28, 33-4,
  34, 38, 52, 111, 113, 140, 153
Alves, Rodrigues, 89, 93
Alves, Virgínia Hilda de Castro, 167
Amália, Maria. *Ver* Anjos, Maria
  Amália Lopes dos
Amaral, Adelaide, 57-8, 59
Amélia (irmã de Castro Alves),
  11, 34, 53

Amzalack, irmãs, 54-5, 167, 178
Andrada, Martim Francisco
  de, 136-7
Andrade, Mateus de, 140
"Os anjos da meia-noite", 55
Anjos, Augusto dos, 139
Anjos, Luís Lopes Batista
  dos, 135, 136
Anjos, Maria Amália Lopes dos
  (Sinhazinha), 136, 137, 138,
  141, 178
Antônio José (avô de Castro
  Alves), 9
"Ao ator Joaquim Augusto", 130
"Ao Dous de Julho", 74, 153
Assis, Machado de, 69, 83-4, 85,
  87, 168
O ateneu (Raul Pompéia), 16, 17
"Aves de arribação", 53-4
Azevedo, Álvares de, 26, 77,
  87-8, 88, 173, 174

193

Bandeira, Manuel, 49
"Bandido negro", 114-6, 116
Barbosa, Rui, 17, 45, 85, 86, 89, 92, 93, 94, 134, 136, 179
Barreto Filho, Moniz, 48
Barreto, Belarmino, 73
Barreto, Moniz, 48
Barreto, Tobias, 34-5, 48, 57-9
Bastos, Tavares, 179
Béranger, Pierre-Jean de, 104
"A Boa Vista", 78-81, 163-4
"Boa-noite", 93, 130-2, 177
Bocaiúva, Quintino, 84
Bonaparte, Napoleão, 67
Bonifácio, José, 118
Bonifácio, José (o Moço), 26, 89, 91, 93, 94, 95, 96
Booth, John Wilkes, 41
Borges, Abílio César, 16, 17-8, 18, 35
Brown, Fanny, 149
Burton, Isabel Arundell, 90
Burton, Richard, 90
Byron, lorde, 26, 27, 34, 88

"A cachoeira", 83
A cachoeira de Paulo Afonso, 78, 83, 126, 158-62, 163, 174, 175, 176-7
Caetano, João, 130
Câmara, Emília Augusta, 70, 71
Câmara, Eugênia Infante da, 31, 32-3, 55, 56-7, 57-8, 58, 61, 62, 64-6, 70, 71, 72, 73, 74-5, 77, 81-2, 83, 85-6, 87, 129, 131, 133-4, 136-7, 138, 142-3, 144-50, 164, 168, 178, ver também *Esboços poéticos*; *Uma entre mil*

Campos, Américo de, 136
Campos, Cândida (Dendém), 141, 142, 167, 178
"A canção do africano", 29-31, 31, 45, 113, 119, 127
"Cântico do Calvário", 39
"Carta às senhoras baianas", 170-1
Carvalho, Campos de, 136
"A cascata de Paulo Afonso", 83
Cassiano (irmão de Castro Alves), 38, 52
Castelnau, Francis de, 118
Castelo Branco, Camilo, 32
Castro, Clélia Brasília da Silva, 9-10, 11, 19, 27, 28, 64
Castro, José Antônio da Silva, 9
Castro, José Antônio dos Santos, 153
Castro, Virgínia Hugo Coutinho de, 166-7, 167, 178
"A cestinha de costura", 166, 177
Chaves, Veríssimo, 56
Coelho Neto, Henrique Maximiano, 68
Coelho, Furtado, 31, 32, 64, 85
Coimbra, Antônio José Duarte, 31, 66
Constância, Joana, 153
Constant, Benjamin, 94, 95
Corrêa, Manoel Francisco, 179
Costa, Regueira, 40, 45, 74, 78
Costa, Rodrigues da, 76
Coutinho, Aureliano, 136
Cunha, Joaquim Jerônimo Fernandes da, 83

Delacroix, Eugène, 120
Dendém. *Ver* Campos, Cândida
"Deusa incruenta", 158
Dias, Gonçalves, 26, 173
Don Juan ou a prole dos Saturnos, 77-8
Dória, Meneses, 91
Dramas d'alma. Ver *Os escravos*
"As duas ilhas", 89

"É tarde", 142-3
Eiró, Paulo, 173
Elisa (irmã de Castro Alves), 10, 22, 53
Esboços poéticos (Eugênia Câmara), 32
Os escravos, 40, 53, 78, 92, 151-2, 163, 164, 174, 175
Espronceda y Delgado, José de, 25
Espumas flutuantes, 139, 151, 152, 156, 158, 163, 174

"Fatalidade", 65-6, 164
Feital, Júlia, 11
Ferreira, Carlos, 89, 93, 136, 178
Feuillet, Octave, 31
Figueiras, Eulália, 141, 142-3, 167, 178
Fiúza, Tertuliano, 172
Fonseca, Antônio Borges da, 60
Fraga, Franklin de Meneses, 157
Fraga, Leonídia, 38-9, 154-5, 156, 157, 166, 178
Freire, Junqueira, 26, 173

Gama, Luís, 45
Garcez, Maria Cândida, 141, 167, 178
Gaspar Hauser (Auguste Anicet-Bourgeois), 57
Gonzaga ou A revolução de Minas, 61-2, 64, 67-70, 73, 76-7, 77, 78, 83, 84, 85, 90, 127, 129-30, 134, 151
Graham, Maria, 118
Gregório (pajem de Castro Alves), 64
Guilherme (irmão de Castro Alves), 10, 34, 53, 76
Guimarães Júnior, Francisco Lopes (Chico), 22, 52, 144, 152
Guimarães, Aprígio, 64
Guimarães, Augusto Álvares, 26, 40, 45, 152, 153, 157, 167
Guimarães, Bernardo, 68
Guimarães, Francisco Lopes, 19, 20, 21-2, 111, 172
Guimarães, Maria Ramos, 19, 22, 25, 52-3, 111
Guimarães, Pinheiro, 84

"A hebréia", 55
Heine, Heinrich, 25, 104-6, 112
Horácio, 19
"O hóspede", 98, 154-5
Hugo, Victor, 19, 26, 89, 120
Humboldt, Alexander von, 153

Idalina (companheira de Castro Alves), 40, 53, 178
Itaboraí, visconde de, 94, 95
Ivo, Pedro, 91, 96

Janinha, 14, 113, 114
Jardim, Silva, 179
Jequitinhonha, visconde de, 179
João (irmão de Castro Alves), 10
João do Rio (Paulo Barreto), 118
João VI, dom, 14
José Antônio (irmão de Castro Alves), 10, 25, 26-7, 33, 34, 38

Kardec, Allan, 153
Keats, John, 149

"O laço de fita", 93, 137, 164, 177
Lamartine, Alphonse de, 26
Leopoldina (ama-de-leite), 14, 38, 64, 113, 114
Leopoldina, imperatriz, 12
Lessa, Aureliano, 173
Lima, Barbosa, 179
Lima, Plínio de, 45
Lincoln, Abraham, 41
Lisboa, João Estanislau da Silva, 11
"O livro e a América", 75, 89
Luís, Pedro, 26

Macedo, Joaquim Manuel de, 77
Machado, Brasílio, 89, 136
Machado, Manoel José, 14-5
Machado, Maximiliano Lopes, 70
Magalhães, Domingos José Gonçalves de, 77
Malheiro, Perdigão, 179
Martins, Domingos José, 16-7
"Mater dolorosa", 31
Mazzacio, 78
Meireles, Antônio Franco, 167
Melo, Dutra e, 173

Mendes, Luís Antônio de Oliveira, 118
Mendonça, Salvador de, 89, 93
Meneses, Agrário de, 76
Meneses, Ferreira de, 89, 96, 136, 143
"Meu segredo", 32-3
Meyer, Augusto, 106
"Mocidade e morte", 49-50
Monclar, Francisco de Paula, 129
Moniz, Rosendo, 84
Monteiro, Cândido Borges (barão de Itaúna), 135-6
Moraes Filho, Mello, 73, 143, 152
Mota, Silveira da, 179
"Murmúrios da tarde", 141-2
Murri, Iginia Agnese Trinci, 166, 167-8, 172, 178
Musset, Alfred de, 26, 146

Nabuco de Araújo, José Tomás, 95, 179
Nabuco, Joaquim, 45, 89, 90, 91, 92, 94, 95, 96, 136, 179
"O navio negreiro", 43, 92-3, 97-111, 119-20, 174, 175, 179
"Les nègres et les marionnettes" (Pierre-Jean de Béranger), 104
"No 'Meeting du Comité du Pain'", 170
Noturnas (Fagundes Varela), 39

"Ode ao Dous de Julho", 93-4, 163
Oliveira, José Rubino de, 139
Ortigão, Ramalho, 32
Osternold, Antônio de Assis, 150
Otaviano, Francisco, 84

Palma, José Joaquim de, 158
Paranhos, José Maria da Silva, 83, 84, 85
Passos, Soares de, 26
Patrocínio, José do, 179
Pedro I, dom, 12
Pedro II, dom, 27-8, 94, 95, 116
"Pedro Ivo", 94
Peixoto, Antônio da Costa, 118
Pena, Afonso, 89
"Pensamento de amor", 55
Pertence, Andrade, 140
"Pesadelo de Humaitá", 84
Pimentel, Estanislau Barroso, 129
Pinheiro, Maciel, 47
Pompéia, Raul, 16, 17
Portugal, Ambrósio Torres, 70
Prado, Antônio da Silva, barão de Iguape, 129

"Quando eu morrer", 139
"Quem dá aos pobres empresta a Deus", 74, 153
Querino, Manuel, 118
Quinet, Edgar, 26

Rabelo, Laurindo, 173
Raios sem luz (Guilherme de Castro Alves), 34
Rei negro (Coelho Neto), 68
"Remorso", 41
"Remorsos", 168-70, 177
Ribeiro de Sousa, Joaquim Augusto, 130
Ribeiro, Ernesto Carneiro, 19
Ribeiro, Francisco Bernardino, 173
Ribeiro, Tomás, 26
Rodrigues, Francisco de Paula, 136

Rodrigues, Nina, 118
Romero, Sílvio, 59
Santos, Luís Cornélio dos, 25, 28-9, 84, 85, 91, 129, 136, 140, 141, 152, 167
"O São Francisco", 83
São Vicente, marquês de, 179
"Saudação a Palmares", 162
Sebrão, Francisco Pereira de Almeida, 16
"O século", 40-3, 43, 50
Segredos d'alma. Ver *Esboços poéticos*
Serra, Joaquim, 84, 143
Silva, Eduardo Álvares da, 129
Silva, José Bonifácio de Andrada e. Ver Bonifácio, José; Bonifácio, José (o "Moço")
Siqueira, Cipriano, 91
"Das Sklavenschiff" (Heinrich Heine), 104
"The slave ship" (John Greenleaf Whittier), 104
Souza, Antônio Félix de, 19
Souza, Chachá Francisco Félix de, 19
"Sub tegmine fagi", 72

Tavares, Constantino do Amaral, 76-7
Tiradentes, 91
"O tísico", 35-6
"Tragédia no lar", 112, 164-5
"Tragédia no mar". Ver "Navio negreiro"

Uma entre mil (Eugênia Câmara), 32

Varela, Fagundes, 26, 39-40, 51, 64, 88, 173
Vasconcelos, Zacarias de Góes e, 94, 95
Vasques, Francisco Correia, 130
Verde, Cesário, 139
"Versos a um viajante", 152
"Versos para música", 168
"O vidente", 43, 92, 179
Viegas, Ana, 9
Vieira, Brasília, 166, 167, 178
Vigny, Alfred, 25
"A visão dos mortos", 90, 91-2
"A volta da primavera", 142
"Vozes d'África", 43, 92, 120-6, 127-8, 174, 175, 179
Vozes da América (Fagundes Varela), 39

Whittier, John Greenleaf, 104

Zaluar, Emílio, 84

Esta obra foi composta
por warrakloureiro
em Electra e impressa
em ofsete pela
Prol Editora Gráfica
sobre papel pólen soft
da Suzano Bahia Sul
para a Editora Schwarcz
em maio de 2006